L'ÉVOLUTION DU DROIT

ET

LA CONSCIENCE SOCIALE

PAR

L. TANON

Président à la Cour de Cassation

TROISIÈME ÉDITION REVUE ET AUGMENTÉE

PARIS

FÉLIX ALCAN, ÉDITEUR

LIBRAIRIES FÉLIX ALCAN ET GUILLAUMIN RÉUNIES

108, BOULEVARD SAINT-GERMAIN, 108

1911

L'ÉVOLUTION DU DROIT

ET

LA CONSCIENCE SOCIALE

PRÉFACE

DE LA TROISIÈME ÉDITION

Cette édition a été remaniée et augmentée. On y a incorporé la plus grande partie de l'Appendice de la seconde édition. On a fait suivre le chapitre IV, qui contient une analyse critique de l'ouvrage de Jhering sur le *But dans le droit*, d'une discussion plus approfondie de la finalité dans le domaine juridique. Enfin, on a donné plus d'extension au dernier chapitre, qui précise et définit la théorie de la formation progressive du droit développée dans tout le cours de cette étude.

L'ÉVOLUTION DU DROIT
ET LA CONSCIENCE SOCIALE

PREMIÈRE PARTIE
L'ÉCOLE HISTORIQUE

CHAPITRE PREMIER
L'ÉCOLE HISTORIQUE ET LE DROIT NATUREL

L'École historique des jurisconsultes, ainsi nommée, au commencement de ce siècle, par opposition à celle du droit naturel ou rationnel, n'est pas une manifestation isolée de la la littérature juridique. Elle se rattache à la rénovation de la critique historique, par son application à l'histoire des institutions et des idées, et sa substitution, dans le domaine du droit, aux conceptions rationalistes abstraites qui dominaient les esprits jusqu'à la fin du siècle dernier.

On peut citer, parmi les représentants les plus marquants de cette direction nouvelle : après Montesquieu, Burke, Vico, en France, en Angleterre et en Italie; Herder, J. Moser, Hugo, Niebhur en Allemagne; qui sont tous, à des titres divers, comme les précurseurs des juristes qui tentèrent de reconstruire, sur le fondement solide de l'histoire, la philosophie du droit.

Ce qui donna son nom à l'École, et l'appela à la vie dans la controverse juridique, c'est l'application que Savigny fit, au droit, de la nouvelle critique, dans une polémique engagée par lui, au commencement de ce siècle, contre le jurisconsulte Thibaut, sur la nécessité d'une modification générale des lois civiles pour toute l'Allemagne[1]. A l'opuscule de Thibaut, Savigny répondit par un petit écrit sur la *Vocation de son temps pour la législation* dans lequel il exposait ses vues personnelles sur la formation du droit[2].

Les idées principales de cet écrit, qui fut comme le premier manifeste de l'École, furent développées dans la revue que Savigny fonda,

1. Thibaut. *Ueber die Nothwendigkeit eines allgemeinen bürgerlichen Rechts für Deutschland*. 1814.

2. Savigny. *Vom Beruf unserer Zeit für Gesetzgebung und Rechtswissenschaft*. 1814. 3e éd. Heidelberg, 1840.

avec Eichorn et Goschen, en 1815; elles furent ensuite reprises, et résumées ou complétées, par l'un et par l'autre, dans leurs traités de droit romain. Puchta est considéré, à bon droit, comme le second fondateur de l'École; mais il exerça, sur la pensée de Savigny lui-même, une influence qui ne fut pas toujours heureuse, en systématisant à outrance, dans sa théorie de la coutume, les vues originaires du maître, plus contingentes et plus larges[1].

La doctrine élaborée par Savigny et Puchta et les juristes historiens qu'ils entraînèrent à leur suite dépassait de beaucoup la question secondaire de la codification qui lui avait donné naissance; elle serait depuis longtemps tombée en oubli, si elle n'avait eu un intérêt infiniment plus général. En substituant l'idée de la formation historique du droit à la théorie d'après laquelle un système juridique immuable pouvait être construit en dehors de toute expérience et sur les seules données de la raison, l'École opposait une égale et radicale contradiction au vieux droit de la nature et à toutes les conceptions rationalistes du siècle dernier. Mais elle venait surtout utilement

1. Puchta. *Das Gewohnheitsrecht*. Erlangen t. I, 1828; t. II, 1837.

et à son heure, pour combattre un droit naturel plus perfectionné, que les jurisconsultes élaboraient sous l'influence de la philosophie de Kant et des écrits de ses nombreux disciples et qui était en voie d'obtenir un assentiment presque universel.

Ce nouveau droit naturel, qui a conservé une assez grande vogue, en Allemagne, jusque vers le milieu de ce siècle, a produit une foule d'écrits qui, avec des divergences dans l'application, et sous des inspirations diverses, avaient cela de commun qu'ils fondaient tout l'édifice juridique sur la règle formulée par Kant, d'après laquelle le droit a pour but la détermination des conditions sous lesquelles la liberté de chacun peut coexister avec la liberté de tous. Kant et ses successeurs se sont efforcés de déduire tout le droit de cette seule maxime, que l'on appela la *maxime de la coexistence*[1].

La liberté, ainsi reconnue et limitée, est le droit primordial de l'homme, et tout ce qui ne vise pas à cette reconnaissance et à cette limitation réciproques est étranger à l'ordre juri-

2. Kant. *Principes métaphysiques du droit*. — V. Gros. *Lehrbuch des Naturrechts*. 1802, 6e éd. 1841 ; Bauer. *Lehrbuch des Naturrechts*, 1803, 3e éd. 1825 ; v. Rotteck. *Lehrbuch von Vernunftrecht und der Staatswissenschaft*. 4 vol. 1829-1834, 2e éd. 1841.

dique. De ce droit primordial dérivent directement tous les droits de l'homme sur sa propre personne. Ce sont les droits innés ou *absolus*.

Les autres, qui portent sur quelque chose d'extérieur à l'homme et qui ne peuvent être acquis par lui que sous la condition d'un fait ne sont que des droits *hypothétiques*.

Les droits absolus sont ceux qui assurent le respect de la personnalité physique et morale de l'homme, de son corps, de son honneur, de sa liberté extérieure, de la liberté de conscience et de pensée, en un mot tous les droits qu'il peut avoir sur sa propre personne. Tous les autres, à l'exception du droit de propriété, sur lequel on dispute, sont des droits hypothétiques et dérivés.

Quant à la propriété, les uns la rattachent au droit primordial et la comprennent parmi les droits innés, en la déduisant de la seule idée de la liberté dont ils en font un corollaire nécessaire. D'autres, comme Gros, n'y voient qu'un droit hypothétique, parce qu'elle est extérieure à l'homme et conditionnée par le fait. La maxime de la coexistence, dans tous les cas, ne va pas au delà, et il n'y a rien de plus à en tirer, par voie de conséquence immédiate.

Toutes les autres règles et institutions juridiques n'en dérivent que par la voie médiate du contrat. Le droit de l'héritier *ab intestat*, par exemple, repose sur un contrat dont la perfection est seulement reculée à la mort du testateur; et l'hérédité n'est consacrée qu'à titre de succession testamentaire présumée.

Le contrat est, de même, l'unique fondement du mariage, de la famille.

Le mariage peut être compris comme prenant son but le plus élevé dans la communauté de vie physique et spirituelle la plus parfaite, et dans la fondation d'une famille, ou comme une simple union contractuelle dont l'objet est limité aux relations réciproques des époux. La monogamie est seule légitime sous le premier point de vue. Toutes les autres unions peuvent être légalement reconnues, aux yeux de ceux qui tiennent le mariage pour un simple et libre contrat, comme Gros, qui suit Fichte sur ce point; la polygamie, la polyandrie, ou un mariage temporaire par exemple doivent, quoique immoraux, être tenus comme non contraires au droit, sous la seule condition de l'accord des volontés.

L'État a lui-même le contrat pour unique fondement, contrat tacite, le plus nécessaire de tous. Son existence est impliquée par le principe même du droit, auquel l'État donne sa sanction par la contrainte.

Mise au service de l'ordre juridique, l'action de l'État ne doit tendre qu'à la réalisation de la maxime de la coexistence et à la protection des seuls droits des particuliers qui en dérivent. Il suit de là que l'État n'a qu'à garantir le libre exercice des libertés individuelles et à réprimer les atteintes qui peuvent être apportées par chacun à l'égale liberté des autres sans avoir à exercer aucune action coercitive en dehors de cette étroite sphère, pour ce qui touche à l'intérêt général, aux mœurs, à la culture sociale.

Quelques auteurs s'efforcent, il est vrai, de justifier, par des voies détournées, une certaine intervention de l'État dans ces domaines réservés, en montrant que cette intervention sert indirectement à la protection des vrais droits, et leur donne seule toute leur efficacité. Mais l'opinion la plus générale tend à réduire principalement l'État à exercer des fonctions de police, et à laisser en dehors de son action les intérêts pour lesquels sa protection est la mieux reconnue de nos jours, et la plus nécessaire. C'est la théorie qu'a développée Humboldt, au commencement de ce siècle, avec la dernière rigueur, dans son *Essai sur les limites de l'action de l'État*, où il ne recule devant aucune des conséquences les plus extrêmes de cette limitation du droit à la protection de la coexistence des libertés individuelles[1].

Ce système, dont nous n'avons esquissé que les grands traits, repose sur un principe, vrai en lui-même, mais tout négatif et de pure forme[2].

Il n'y a aucune difficulté à reconnaître que le droit consiste dans la liberté de chacun limitée par la liberté de tous. Mais il s'agit de savoir quelles sont ces limites, car ce sont elles qui font précisément l'objet de tous les préceptes juridiques quelconques.

Or, la formule ne dit rien à cet égard; elle laisse indéterminé tout le contenu du droit. Elle ignore les rapports nécessaires de la vie, qui peuvent cependant seuls servir de base rationnelle au règlement des limitations réciproques des actions des hommes; et le droit naturel, à sa suite, affecte de n'en tenir aucun

1. G. de Humboldt. *Essai sur les limites de l'action de l'État*. Paris, 1867.

2. V. pour un résumé plus complet de ce nouveau droit naturel : P. J. Stahl. *Histoire de la philosophie du droit* (T. I, trad. par Chauffard). Paris 1880, p. 224 et suiv. : Le droit naturel dans sa dernière forme; et F. von Holtzendorff. *Encyclopädie der Rechtswissenschaft*, 5e éd. Leipzig, 1890, p. 67-72 : Das neuere Naturrecht.

compte. La liberté, telle qu'elle la définit, n'est, comme on l'a très bien dit, qu'une sphère extérieure, un espace spirituel vide. »

En dehors de sa signification purement formelle, cette formule n'a, en réalité, pour le fondement du droit, d'autre valeur que celle de la reconnaissance du dogme politique du XVIIIe siècle, de l'égalité devant la loi, dont elle n'est que la traduction en langage philosophique, de même que le droit qui en a été tiré si laborieusement, ne fait, sous sa forme logique, si rigoureuse en apparence, que consacrer, dans ses principales parties, et notamment en ce qui concerne le rôle de l'État, les conceptions politiques et économiques les plus en faveur dans ce siècle et au commencement du siècle dernier.

CHAPITRE II

LA DOCTRINE PRIMITIVE. — SAVIGNY. PUCHTA

La doctrine nouvelle formulée par Savigny, avec une grande hauteur de vues et une rare concision, dans ses premiers écrits, opposait à ces constructions idéales d'un ordre juridique purement rationnel, la notion d'un droit fondé sur les données positives de l'histoire, soumis à l'évolution, et en dépendance étroite du caractère du peuple auquel il s'applique. Dans l'article programme qu'il composa pour le premier numéro de sa revue, Savigny appelle l'école contraire, l'École antihistorique. Elle se reconnaît à ce qu'elle a la prétention de représenter le droit naturel, invariable et absolu, la philosophie, la saine raison humaine.

Pour les philosophes du droit naturel, de la saine raison humaine, chaque âge crée librement et arbitrairement son monde, bon ou mauvais, heureux ou malheureux, dans la mesure de son intelligence et de ses forces. Il n'y a pas, avec cette vue des choses, à considérer les temps antérieurs qui n'ont rien à nous apprendre pour la constitution de l'état présent. L'histoire n'est qu'un recueil d'exemples politico-moraux.

L'École historique, au contraire, enseigne qu'il n'y a pas d'existence humaine isolée, et que tout ce qui nous paraît tel n'est, en réalité, que la partie d'un tout plus élevé et plus vaste. C'est ainsi que l'individu n'est jamais pris par elle comme une simple unité, indépendante de celles qui l'entourent : c'est le membre d'une famille, d'un peuple, d'un État.

Chaque âge ne façonne pas son monde à son gré; il le crée, dans une union indissoluble avec le passé. Il reconnaît et consacre un état de choses donné qui est à la fois nécessaire et libre ; nécessaire, en ce que cet état ne dépend pas des conceptions arbitraires du temps présent; libre, en ce qu'il n'est pas dû à des influences, à des ordres venus de l'extérieur, mais qu'il sort du caractère même du peuple, se développant, au cours des temps, dans un état de perpétuel devenir et de constante évolution. L'histoire ne nous apparaît plus, avec cette conception des choses, comme un simple recueil de faits ; c'est le témoin du passé qui nous donne la seule voie pour arriver à la connaissance du présent. Il ne dépend pas de nous d'accepter ou de rejeter arbitrairement, comme bonnes ou mauvaises, les conditions historiques antérieures, car ces conditions s'imposent à nous avec une nécessité inéluctable. Nous nous abusons souvent, il est vrai, et prenons pour le vrai cours du monde, l'image que nous nous en faisons, comme si le monde avait commencé avec notre pensée. Mais c'est là une illusion ; elle ne peut changer la nature des choses[1].

Ces idées s'appliquent esssentiellement au droit.

Le droit est un produit historique. Dès que nous voyons une histoire fondée sur des documents, nous y reconnaissons un droit avec un caractère propre au peuple auquel il s'applique, comme sa langue et ses mœurs. Le droit n'est pas d'ailleurs un produit arbitraire que les circonstances, le hasard, ou la sagesse des hommes, auraient pu faire différent : il sort de la conscience commune du peuple, de l'esprit général qui l'anime. Il se forme, comme la langue, et se développe comme elle, par une

1. Zeitschrift für geschichtliche Rechtswissenschaft. Berlin, 1815, t. I, p. 1 et s.

série de transformations qui s'opèrent dans un mouvement continu, une constante évolution. Ces développements successifs, soumis au même principe, suivent une marche régulière, et obéissent à un enchaînement de circonstances invariables, dont chacune tient, par un lien spécial, aux diverses manifestations de l'esprit de la nation.

Cette connexion organique des institutions juridiques avec le caractère du peuple se révèle clairement dans les traits fondamentaux des principales d'entre elles, telles que la propriété, le mariage.

Mais le développement complet de ces institutions s'opère par des voies différentes, selon les temps.

Dans l'enfance des peuples, le lien qui unit la nation est plus étroit et plus généralement senti. La jeunesse des peuples est pauvre d'idées, mais elle a une conscience claire des rapports qui unissent ses membres. Elle sent et expérimente ces rapports d'une manière plus complète qu'aux stades plus avancés de la civilisation, et au nôtre en particulier, où les rapports de la vie sont si compliqués que nous en sommes accablés.

Cet âge primitif est celui de la formation coutumière du droit. La coutume est le produit pur de la conscience nationale. Ce n'est pas une création fortuite due à la simple répétition de cas résolus d'abord selon le hasard ou la fantaisie du moment. La série d'actes uniformes qui la constituent trahit la source commune d'où elle dérive.

Mais bientôt, avec la marche du temps, la coutume ne suffit plus, la conscience juridique du peuple se fixe dans de nouveaux organes. Les développements individuels, croissants et inégaux, les connaissances et les occupations spéciales qui isolent les individus, les conditions différentes, font la conscience commune moins perceptible et moins claire, et rendent plus difficile la croissance spontanée du droit par le seul esprit général de la nation. Les activités du peuple se divisent, dans cet état plus avancé de la culture, et ce qui était l'œuvre de tous, n'échoit plus qu'à ceux qu'une vocation spéciale y a préparés.

Lorsqu'une telle division se produit, les juristes apparaissent. Le droit, qui vivait dans la conscience du peuple, tombe dans celle des hommes appelés à consacrer à son développement leur activité particulière, qui représentent la communauté dans cette fonction. La législation et la science constituent alors les organes de l'esprit national suscités pour créer les nouvelles institutions devenues nécessaires et modifier ou annuler celles qui ne répondent plus aux besoins du temps.

Le droit, dans cette nouvelle élaboration, a une double vie : d'abord comme constituant une partie de la vie totale du peuple, à laquelle il ne cesse pas de se rattacher, puis comme une science particulière, entre les mains des législateurs et des juristes.

La législation est le signe extérieur du droit le plus apparent. Quand le droit positif aurait atteint le plus haut degré d'évidence et de certitude, on pourrait encore chercher à s'y soustraire par ignorance ou par mauvais vouloir. Il peut donc être nécessaire de lui donner ce signe, qui le mette hors de toute contestation.

La loi complète le droit coutumier, et l'aide dans son développement progressif. Elle est bienfaisante, ou même indispensable, lorsque le changement des mœurs, des opinions, des besoins, exige impérieusement le changement du droit. Ces modifications du droit existant sont souvent mieux assurées par la loi que par les forces invisibles qui ont créé le droit primitif, à cause de la lenteur de l'action de ces forces et de l'état incertain du droit, qui en résulte.

La législation peut encore être utilement appelée à coordonner et à concilier les règles applicables à diverses institutions de droit, dans la réaction nécessaire qu'elles exercent les unes sur les autres.

Mais la loi, quel que soit son rôle, n'est toujours qu'une autre expression du droit populaire. Le législateur n'est pas en dehors du peuple ; il est, au contraire, placé au centre de la nation, dont il ne fait que réfléchir l'esprit les opinions, les besoins. Et ce caractère du législateur est indépendant de la forme donnée au pouvoir législatif par la constitution politique de l'État.

En résumé, le droit positif est toujours, à l'origine, un droit populaire, sous la forme de la coutume, que la législation vient compléter et garantir, souvent de très bonne heure.

Lorsqu'avec les progrès de la civilisation, les jurisconsultes viennent y apporter, à leur tour, leur contribution, le droit, représenté d'abord par la seule coutume, a deux nouveaux organes qui vivent de leur vie propre, la législation et la science. Si la force génératrice du droit, d'où sortait directement le droit primitif, vient à se retirer du peuple, et si ce droit lui-même est absorbé dans les deux nouveaux organes où se concentre désormais cette force créatrice, la législation et la science peuvent demeurer comme les seules formes visibles de l'ordre juridique. La législation surtout, qui a une si grande prépondérance, par son autorité extérieure, peut alors être aisément prise pour la source unique du droit et ne laisser apparaître, que comme des compléments secondaires, les deux autres éléments qui ont concouru à sa formation. Mais cette absorption du droit populaire primitif et même du droit scientifique des jurisconsultes, par la législation, ne doit pas nous faire illusion, ni voiler à nos yeux, les véritables origines, qui sont toujours dans l'action, directe ou indirecte, de l'esprit de la nation, soit qu'elle se manifeste par la coutume, la législation ou la science [1].

L'application des vues de l'école la plus immédiate, la plus directe et la plus pratique est celle qui en a été faite à la coutume et à la détermination de sa nature et de sa valeur, comparée à celle de la loi. C'est le droit coutumier qui a fait l'objet de l'ouvrage principal de Puchta.

Puchta et Savigny lui même donnent au droit coutumier la prééminence sur la loi, non

1. Nous résumons ici les idées principales développées par Savigny dans son petit écrit initial, et dans le tome I (Préface et ch. 2) de son *Traité de Droit romain*.

seulement pour les temps anciens, mais pour tous les temps. Ils professent pour ce mode de formation du droit, ce que Bruns a appelé, une véritable idolâtrie[1]. La conscience juridique du peuple trouve, d'après eux, dans la coutume, son expression la plus directe et la plus pure ; elle n'a dans la loi qu'une expression médiate et moins sûre, parce qu'elle passe par l'intermédiaire du législateur, et qu'elle y est nécessairement associée, dans une mesure plus ou moins large, à ses vues subjectives.

C'est la conscience juridique collective qui est *le droit en soi*. C'est en elle que la coutume puise sa force obligatoire. La pratique coutumière et la loi ne sont pas une condition de la formation du droit ; l'une et l'autre ne sont que les modes selon lesquels se manifeste la conscience commune, qui est déjà, *par elle-même, le droit*. La coutume est d'ailleurs supérieure à la loi, et peut toujours la modifier ou l'abroger par désuétude. Et c'est là une conséquence de la nature vraie du droit; et le législateur excède ses pouvoirs, lorsqu'il limite arbitrairement ces effets nécessaires de la coutume[2].

1. Bruns. — *Das heutige römische Recht*, dans l'Encyclopédie d'Holtzendorff, p. 438.

2. Savigny. *op. cit.* — et Puchta. *Gewohnheitsrecht*, t. II, p. 171 et s.

CHAPITRE III

CRITIQUE DE L'ÉCOLE HISTORIQUE

Cette théorie de la formation du droit, opposée à la conception rationaliste du droit naturel a été acceptée d'abord par les principaux représentants de la science juridique allemande, presque sans discussion. Notre époque, si pénétrée des conditions positives du développement de la vie sociale, ne pouvait la répudier entièrement, mais elle en a fait une critique approfondie qui en a signalé les imperfections et les lacunes.

On a depuis longtemps reconnu les erreurs et les exagérations des fondateurs de l'École, et surtout de Puchta, le puissant dialecticien qui a systématisé ses vues. Ils ont méconnu le caractère vrai du droit positif, et de ses sources propres et les plus prochaines, en faisant de la conscience commune, le droit en soi, indépendamment du processus législatif ou coutumier par lequel il arrive à la positivité. Ils ont donné une trop grande importance à la coutume aux dépens de la loi, et n'ont pas suffisamment reconnu la valeur et la prépondérance nécessaires de l'élément législatif dans les états de civilisation un peu avancés, et l'insuffisance de la coutume pour régler l'ensemble des rapports sociaux, les coordonner et procurer toutes les réformes rendues nécessaires par les changements survenus dans les conditions de la vie.

La distinction tripartite du droit, en droit de la coutume, de la loi, et des juristes, a enfin été rejetée, à bon droit, comme ne répondant pas à la réalité des choses. On a remarqué que le droit des juristes n'avait été imaginé que pour masquer les imperfections de la théorie. Les fondateurs de l'École ont bien compris qu'à un certain stade de l'évolution, la conscience du peuple était incapable de concevoir et de régler tout l'ordre juridique ; et c'est pour combler cette lacune qu'ils ont imaginé l'action des juristes, à coté de celle de la coutume et de la loi, comme une source complémentaire du droit.

Mais, quelle que soit l'importance de ces critiques, elles s'adressent surtout à la discussion technique de l'œuvre des fondateurs de l'École. Les deux idées maîtresses qui les ont inspirés sont l'évolution du droit et la part que prend, dans sa formation, ce qu'on a appelé la conscience commune, la conscience juridique du peuple.

La première de ces notions, qui est de beaucoup la plus importante, est à peu près universellement admise aujourd'hui par les historiens du droit. La seconde, qui renferme l'expression d'un phénomène, vrai dans certaines limites, a été l'objet de justes reproches, dans la conception systématique et arbitraire que l'École s'en est faite.

I

L'ÉVOLUTION, PREMIERS GERMES

L'idée de l'évolution nous est devenue depuis longtemps familière dans les sciences de la nature et de l'histoire. C'est Savigny qui l'a produite, le premier, dans l'histoire du droit et lui a donné son nom propre.

Il proclame, dans son petit écrit initial et dans l'article programme du premier numéro de sa Revue, qu'il y a une *évolution* naturelle du droit, comme de la langue; que le droit est, dans chaque âge, le produit de l'évolution de tous les âges passés; qu'il y a, entre les institutions juridiques et le peuple auquel elles s'appliquent, une connexion organique telle qu'il n'y a pas, pour le droit, de temps de repos absolu, mais qu'il se développe dans une évolution continue soumise à la même loi de nécessité intérieure que toutes les autres manifestations de l'activité du peuple. Il fait même allusion, dans le premier de ces écrits, à la théorie, déjà mise au jour, de l'évolution dans les sciences naturelles, sans s'y arrêter d'ailleurs, et en déclarant qu'il entend se borner à l'homme historique et au domaine du droit.

Merkel a très bien mis en lumière cette géniale conception du fondateur de l'École historique, en même temps qu'il a signalé, dans un ingénieux rapprochement, la parenté réelle qui existe entre les idées de Savigny sur ce point, et celles qui ont été développées depuis lors, avec tant d'éclat, par Darwin et ses successeurs dans les sciences de la nature.

L'idée de l'évolution n'est pas différente selon qu'elle est présentée par un naturaliste ou un juriste. Savigny considère les formes de la vie juridique qui font l'objet de sa théorie, comme le produit de l'évolution, dans le même sens que les naturalistes lorsqu'ils étudient les formes de la vie végétale et animale. Tous les traits principaux de sa doctrine sont précisément ceux que nous offre la théorie moderne de l'évolution, toutes les fois qu'elle est traitée scientifiquement. Partout cette théorie implique changement, transformation, métamorphose, et, en même temps, continuité et dépendance, états conditionnés, legs aux générations futures. Partout elle exclut l'idée de l'immutabilité, d'un commencement absolu, d'un acte souverain de création. Tous ces traits caractérisent, dans la même mesure, l'évolution dans le domaine des sciences de la nature et de celles de l'esprit. La continuité et le legs aux générations successives en sont les deux points cardinaux.

Dans la doctrine des docteurs du droit naturel, les états caractéristiques de chaque époque se suivent comme les images d'un diorama introduites dans des cadres, par une main invisible, dans une série arbitraire. L'idée de former des institutions juridiques immuables correspond, dans le domaine des sciences de la nature, à l'invariabilité des formes du monde organique. De même, à l'idée qu'il suffit d'une révolution assez profonde pour remplacer l'ordre juridique actuel par un ordre nouveau fait de toutes pièces, correspond la théorie des anciens naturalistes d'après laquelle certaines révolutions terrestres devaient avoir entraîné l'apparition d'un nouveau monde d'organismes. Le droit n'est pas la création spontanée de mouvements sociaux incohérents et fortuits; il est le produit de l'histoire[1].

Cette théorie est vraie; elle est seulement incomplète, dans Savigny, sous deux rapports. Savigny s'attache presque exclusivement à la continuité, à la solidarité qui lie le présent au passé, sans considérer, et surtout sans apprécier à leur juste valeur, les germes nouveaux de vie, les progrès ultérieurs que l'évolution développe dans l'avenir. C'est la lacune la plus grave de sa conception du phénomène; nous y reviendrons plus loin. La seconde réside dans les limites arbitraires qu'il apporte à l'étude de l'évolution juridique. Il borne les recherches de l'historien du droit au droit romain et au droit germanique. C'est là une restriction de l'investigation scientifique qui ne saurait être justifiée et qui est justement répudiée par la critique moderne. Nous considérons aujourd'hui, dans son ensemble, toute

1. Merkel.— *Ueber den Begriff der Entwickelung in seine, Anwendung auf Recht und Gesellschaft* (dans Zeitschrift für das privat und offentliche Recht, citée aussi sous le titre de Grünhuts Zeitschrift, t. III, p. 625 et suiv.).

l'histoire du droit; et si nous donnons la première place au droit des peuples qui ont atteint successivement les plus hauts degrés de la civilisation, et en faisons, comme il convient, la base principale de nos spéculations, nous n'excluons pas les autres. Nous ne nous bornons même pas au droit des races historiques. Nous l'éclairons par les études ethnographiques, si précieuses lorsqu'elles sont le résultat d'observations sûres et suffisamment multipliées et qu'elles sont soumises à une sérieuse critique. Nous complétons ces recherches par les données de l'économie politique, de la statistique et de toutes les autres sciences sociales, qui ont toujours, à quelque degré, une connexité plus ou moins étroite avec la science juridique. La seule contemplation du droit romain et du droit germanique qu'envisage Savigny, en y joignant même celle du droit français, est insuffisante pour nous faire connaître tout le mouvement de la vie juridique et les directions dans lesquelles elle se développe et doit continuer sa marche progressive.

L'étude comparée de l'histoire et de la dogmatique juridique ne sera jamais trop étendue, et les emprunts qu'elle fera aux autres branches de la science sociale ne seront jamais trop larges, pour dégager le caractère véritable de cette évolution, et pour fonder, avec quelque certitude, à côté de la connaissance exacte du passé et du présent, les vues hypothétiques qui nous sont permises sur l'avenir.

II

LA CONSCIENCE JURIDIQUE

La conception de l'École la plus contestée est celle qui voit la source du droit dans l'esprit national, le caractère, la conscience juridique du peuple, et dans la théorie qui en dérive, relativement à la nature et à l'importance respective de la coutume et de la loi.

C'est M. Bergbohm, qui a, dans ces derniers temps, résumé le plus complètement les objections qui ont été relevées contre l'ensemble de cette doctrine.

Qu'est-ce que cette conscience juridique du peuple d'où émane tout le droit? Savigny et Puchta ne la définissent pas. Elle peut être prise dans deux sens différents; dans le sens d'un jugement spécifique sur un état quelconque de fait, d'un verdict sur sa moralité, ou son immoralité, sa convenance ou sa non convenance, et dans le sens plus général et plus large du conscient opposé à l'inconscient.

C'est le premier sens qui est le plus habituel; c'est l'idée éthique de la conscience, la conscience morale.

On a beaucoup disputé sur ce sujet depuis Savigny et Puchta, et plus particulièrement de nos jours. On a tenté de démontrer que la conscience commune, ou la volonté générale qui la manifeste, avaient une existence propre et qu'elles étaient aussi réelles que la conscience et la volonté individuelles. Post a même soutenu que la psychologie des peuples était plus facile à dégager et plus claire que celle des individus. Mais ce sont là de pures abstractions. La conscience juridique du peuple est une conception de droit naturel.

Les partisans de l'École historique tombent, avec elle, dans l'erreur capitale de ce droit, qui demeure toujours la même, soit qu'on donne pour fondement à l'ordre juridique, la raison, l'idée, le sentiment du droit, ou cette conscience commune.

Ce qui caractérise essentiellement toutes les théories de droit naturel, c'est, d'une part, qu'elles ne reposent que sur des opinions subjectives, et d'autre part, qu'elles considèrent, comme des sources du droit, des éléments qui n'ont aucune positivité, et qui ne peuvent dès lors engendrer aucune règle juridique.

La conscience commune n'est susceptible de se manifester, dans la réalité, que par les consciences individuelles; on peut dire d'elle ce que Puchta dit de la raison, que c'est une feuille blanche sur laquelle chacun écrit ce qui lui plaît.

Les adeptes de l'école s'efforcent vainement de donner à cette notion la réalité qui lui manque, en cherchant à établir une solidarité entre la conscience de l'individu et celle de la communauté. L'expérience nous apprend que la conscience des rapports sociaux diffère chez les individus, ou même dans les différents groupes du peuple; et on ne peut s'en étonner, lorsqu'on voit que les juristes eux-mêmes sont souvent en désaccord sur les questions les plus essentielles de l'ordre juridique.

A supposer d'ailleurs qu'elle existe, cette conscience collective n'est susceptible d'aucune détermination. Elle sort, d'après les fondateurs mêmes de l'École, des forces obscures qui agissent silencieusement dans l'esprit du peuple. Sa genèse échappe à toute observation. Toute la théorie de Savigny et de Puchta, sur ce point, repose sur une fausse psychologie.

La conscience juridique ne peut être, au fond, qu'une source éloignée, une *fons remota* du droit, un des nombreux facteurs qui agissent pour sa formation. Et ces facteurs sont infinis. Le contenu du droit est déterminé par tant de motifs qu'on ne peut les énumérer, ni même les classer dans des catégories qui les épuisent.

La conscience morale ou religieuse, la nature humaine, la raison, le but politique, le besoin, la garantie contre les abus de la force, la protection des faibles, et d'autres motifs encore, dont il est impossible de faire une énumération complète, déterminent le contenu du droit.

Tous ces facteurs ne sont pas les vraies sources du droit. Ce sont seulement les impulsions, les pensées qui lui ont donné naissance. Il faut, pour qu'elles deviennent du droit, qu'elles obtiennent la positivité. C'étaient d'abord des règles morales, rationnelles, techniques, reposant sur l'expérience, de simples idées. Ce n'est que dans la voie de la positivité qu'elles deviennent des règles de conduite ayant une force obligatoire. Ce sont les actes externes, générateurs du droit, qui les font passer du domaine de la morale dans le domaine juridique[1].

Cette critique est trop intransigeante et absolue.

1. K. Bergbohm. — *Jurisprudenz und Rechtsphilosophie*, t. I, Leipzig 1892, t. I, p. 480-530 : *Die naturrechtlichen Elemente der Savigny-Puchtasen Lehre.*

Prise dans son ensemble et telle que ses fondateurs l'ont formulée, la doctrine de l'École historique ne trouve plus de défenseurs. Mais elle n'en a pas moins laissé des germes profonds dans la science, et les auteurs qui ont signalé, à bon droit, ses erreurs, sont trop disposés à méconnaître l'influence décisive qu'elle a exercée, souvent à leur insu, sur leurs propres conceptions. La plupart des juristes et des historiens du droit, de la seconde moitié du dernier siècle, se rattachent à elle par un lien plus ou moins étroit. Ce n'est pas seulement l'idée de l'évolution du droit substituée à sa prétendue immutabilité qui est reconnue formellement ou implicitement dans toutes leurs théories. La notion même de la conscience commune, beaucoup plus combattue, n'est rejetée, en réalité, par le plus grand nombre, qu'à cause de son indétermination et de la prétention des fondateurs de l'École d'en faire, du moins en apparence, une source formelle du droit. Ils ne contestent pas, au fond, qu'elle ne soit, sinon l'unique facteur, du moins l'un des éléments du contenu du droit, ni même que son action n'ait été, conformément aux vues de l'École, hautement prépondérante dans les temps primitifs de la coutume.

Beseler, dans son livre du *Droit populaire et*

du droit des juristes, admet que l'esprit du peuple a partout créé le droit, dans sa première croissance. Il conteste seulement que les règles juridiques aient cette unique source, à un stade plus avancé de l'évolution, même dans la coutume, dont certaines dispositions ont manifestement une origine différente[1].

C'est la même idée que développe Zitelmann, dans une étude, très originale, sur la coutume et sa force obligatoire et l'influence que l'erreur exerce sur elle.

Pour qui ne considère que les grands traits de l'évolution, le droit positif et la conscience du peuple paraissent s'accorder ensemble. Pour qui ne voit qu'en gros et en grand, il apparaît bien que chaque peuple fournit son droit, celui dont il est capable et dont il a besoin. Vus de haut et de loin, les actes du législateur ne paraissent plus qu'un accident dans le temps; et le droit semble croître par sa force propre, et par celle de l'idée, dont le législateur n'est que l'instrument et le porteur.

Il en est autrement, quand on y regarde de plus près. Lorsqu'on considère le droit positif à un moment donné de son histoire, on y constate aussitôt, dans de nombreuses directions, des

1. G. Beseler. — *Volksrecht und Juristenrecht*. Leipzig, 1843, p. 53 et s.

règles qui ne concordent nullement avec l'esprit de la nation.

La théorie de Puchta et de Savigny confond, pour les soumettre à la même règle, des temps très différents.

Il faut distinguer l'enfance des peuples, dans laquelle le droit, la morale et la religion sont confondus, des temps qui ont amené la séparation de ces éléments. L'évolution de l'humanité, dans le domaine de l'idée, est un passage progressif, non encore achevé, de l'inconscient au conscient.

La distinction des règles du droit de l'ensemble des autres règles, religieuses ou morales, apparaît tard dans l'histoire de la vie spirituelle des peuples. A l'origine elles ne sont pas séparées ; elles ne forment qu'une seule et même discipline. Ce temps primitif répond bien aux idées, aux maximes de l'École historique. La conscience juridique, qui ne peut-être alors qu'un sentiment, en quelque sorte instinctif, se confond nécessairement avec la conscience commune, car les rapports de la vie sont alors si simples et si uniformes, que le sentiment individuel réagit, à peu près sur tous de la même manière.

Il en est autrement, dans les temps plus avancés, lorsque le droit et la morale sont nettement séparés. Le droit naît alors non plus pacifiquement, et comme par une sorte de création spontanée, de l'esprit de la nation, mais dans la lutte des intérêts rivaux et des idées, et sous la double forme de la coutume et de la loi[1].

Dans un récit plus récent, sur le *Droit populaire et la loi*, M. Oertmann fait une part plus large à cette conscience commune, qu'il identifie avec la volonté collective. Il reconnaît dans le peuple un être organique naturel qui manifeste des phénomènes psychiques propres. Cette vue est, il est vrai, rejetée par un grand nombre d'auteurs, par suite des tendances antimétaphysiques si accusées de notre temps. Il n'y a pas cependant ici de subjectivisme à redouter, car ce qu'il peut y avoir d'accidentel dans les consciences individuelles se perd dans la masse, et la volonté générale est la résultante qui met au jour l'action commune de tous les participants.

L'École s'est seulement représenté les choses trop simplement. Elle méconnaît les effets du développement de la société et de la différenciation croissante de ses membres. Le peuple ne se compose pas d'unités égales mécanique-

1. Zitelmann. — *Gewohnheitsrecht und Irrthum*, dans Archiv. für die civilistiche Praxis, t. LXVI, an. 1883, p. 323 et s.

ment assemblées. Il est différencié au point de vue politique, économique, intellectuel, dans une mesure toujours plus large, avec le progrès de la civilisation. Une conscience juridique commune et une pratique uniforme sur l'ensemble du droit se forment alors beancoup moins aisément qu'il n'a paru à l'optimisme de Savigny et de Puchta.

Dans les petites communautés primitives, comme dans la plus ancienne Rome, chez nos ancêtres avant les migrations, et peut-être encore aujourd'hui dans quelques cantons suisses, l'uniformité des rapports sociaux et de la culture a été assez complète pour ouvrir la voie à la formation d'une conscience juridique commune et à une pratique conforme. Mais plus l'être collectif est grand et compliqué, plus les intérêts se divisent, et plus aussi se forment des partis politiques et religieux qui mettent obstacle à l'accord d'une opinion publique uniforme. La société cesse alors d'être la créatrice spontanée du droit et est remplacée, dans cette fonction, par l'État et le pouvoir législatif qui en émane.

Mais on n'a pas aujourd'hui à faire l'éloge de la loi. Il convient bien plutôt de se garantir contre ses excès et d'opposer à la prétendue omnipotence du législateur ses limites naturelles, en reconnaissant l'influence légitime qu'a la conscience commune dans la détermination du droit, soit qu'il se forme par la voie de la loi ou de la coutume.

L'École historique nous a donné, sous ce rapport, les meilleures garanties, lorsqu'elle a montré la corrélation nécessaire de toute la formation du droit avec la direction morale de l'esprit de la nation.

Le législateur peut sans doute parfois devancer son peuple, dans une géniale intuition, et favoriser l'éclosion de sentiments communs qui ne sont encore qu'en voie de formation. Mais il arrive aussi trop souvent qu'il passe par-dessus ces limites, par sa puissance souveraine, et qu'il s'écarte des idées de justice vivant dans la nation, ou même qu'il se mette en contradiction formelle avec elles.

Le but final que doivent poursuivre les organes créateurs de la loi, est de mettre d'accord l'ensemble du droit avec la conscience collective. Lorsqu'il y a une discordance complète entre les institutions juridiques les plus essentielles et cette conscience commune, et que l'État ne peut ou ne veut la faire cesser, il n'y a d'autre remède que la révolution, comme au siècle dernier. Il importe donc que le législateur soit bien persuadé que son pouvoir, illimité en principe, a des bornes qu'il ne saurait franchir impunément, qu'il n'est que l'organe autorisé par le peuple pour exprimer et réaliser sa volonté, et qu'il doit s'attacher, avant tout, dans la détermination des lois, à satisfaire, à la fois, aux intérêts économiques et à la conscience morale de la communauté qu'il représente[1].

Le plus illustre des romanistes allemands, Windscheid, s'est proclamé le disciple fidèle de l'École en s'en appropriant les vues essentielles, dans son discours de rectorat, à l'Université de Leipzig, en 1884. C'est, dit-il, un rêve sans fin, dont l'humanité n'a jamais cessé de se bercer, qu'il y a un droit fixe, invariable, qui est le droit de la raison, valable pour tous les temps et tous les lieux. Cette conception n'est pas seulement celle des gens du monde ; elle a dominé pendant longtemps toute la science. On en a aujourd'hui reconnu l'erreur. Le droit est un produit de l'évolution. Il n'est, à chaque époque, qu'un moment de la vie spirituelle des peuples. Il se réalise dans la communauté qu'il est appelé à régir, et par elle, et sa source dernière est la raison et la conscience juridique communes des peuples. L'individu,

1. P. Oertmann. — *Volksrecht und Gesetzrecht*, Berlin, 1898, p. 3 et s.

il est vrai, a sa raison, qu'il désapprend difficilement à tenir pour *la raison*, mais il n'a aucun titre pour l'imposer à la communauté. S'il croit s'élever, par ses lumières, au-dessus de ses contemporains, il ne peut que s'efforcer de leur faire partager sa conviction, pour la faire passer ensuite dans la coutume et dans la loi. Ce n'est pas ce que l'individu tient pour le droit, qui est le droit, mais ce que la communauté reconnaît et proclame comme tel[1].

Les juristes mêmes qui veulent bannir la conscience collective du domaine juridique, à cause de l'abus que l'École en a fait, sont obligés cependant de reconnaître qu'elle répond réellement à certains éléments moraux du contenu du droit. Lorqu'ils rejettent cette idée d'une manière absolue, c'est qu'ils envisagent la forme,non la matière du droit, sa force obligatoire, non son contenu; c'est en un mot qu'ils considèrent seulement le droit positif, et qu'ils font abstraction du droit idéal, qui en est cependant la source première et la plus profonde.

Zitelmann ne conteste pas la possibilité de faire un usage scientifique de l'idée de l'esprit

1. Windscheid.— *Recht und Rechtswissenschaft* (Rectoratswechsel an der Universität). Leipzig, 1884.

national. Il admet qu'il y a des existences réelles qui sont formées par une pluralité, et qui sont cependant autre chose que la somme des individus qui les constituent. Il tient pour un fait d'observation qu'il y a des manifestations psychiques qui se développent dans les réunions d'hommes et qui ne s'expliquent pas, d'une manière satisfaisante et suffisante, par les états simples des individus qui les composent.

Il soutient seulement que ce sont là des spéculations philosophiques étrangères au droit et que le rôle du juriste doit se borner à rechercher le caractère auquel le juge reconnaît si une règle a une valeur juridique, et les conditions formelles auxquelles cette règle doit de devenir une règle de droit, quel que soit son contenu, juste ou injuste, conforme au but ou non, contraire ou non à la conscience populaire [1].

Bergbohm part du même point de vue. Il ne reconnaît d'autre droit que le droit positif. Il s'est donné pour tâche de combattre ce qu'il appelle le droit naturel, sous toutes ses formes; et il comprend sous ce nom, non seulement le droit naturel proprement dit, mais encore toute espèce de spéculation sur le droit idéal à

1. Zitelmann, *op. cit.*, p. 26 et 27.

venir. Il ne conteste pas que de telles spéculations ne soient utiles, et même nécessaires, mais elles ne relèvent pas, pour lui, de la science du juriste, si étendue qu'on la fasse. Il pense que l'opposition de l'École historique au droit naturel aurait dû la conduire à l'idée qu'il n'y avait pas de droit en dehors de celui qui est revêtu de la posivité, et lui faire écarter en conséquence totalement sa notion de la conscience juridique qui, n'étant qu'un élément du contenu du droit, n'a qu'une valeur purement philosophique, d'ailleurs très problématique. Il ne méconnaît pas qu'on peut et même qu'on doit améliorer le droit; et il n'a rien à objecter à ce que la science politique s'occupe de cet objet. Il refuse seulement de considérer les principes, les maximes, les idées, les mobiles, qui peuvent inspirer ces réformes, comme relevant de la science juridique. C'est ce qu'on peut appeler la politique du droit[1].

Mais le débat ainsi posé n'est plus, au fond, qu'une querelle de mots. Bergbohm, et les auteurs qui excluent, avec lui, le droit idéal du domaine juridique, n'entendent pas dire que la détermination du contenu, de la matière du droit, n'a pas d'importance. Ils pensent seule-

1. Bergbohm, *op. cit.*, p. 145.

ment que cet ordre de recherches n'appartient pas à la science juridique.

Nous ne nions pas la valeur du côté formel du droit et de l'étude qui a pour objet de reconnaître les voies par lesquelles une règle idéale de conduite obtient les caractères de la positivité et se transforme en une règle juridique obligatoire. C'est là une partie de la science qui offre le plus haut intérêt et qui a peut-être été trop négligée jusqu'ici par les juristes. Mais on ne peut, sans mutiler la science juridique, la rendre indifférente à la matière, au fond du droit. Les fondateurs de l'École ont, il est vrai, laissé eux-mêmes le droit futur hors du champ de leurs spéculations. Cette omission provient surtout de leurs dispositions personnelles, très conservatrices, qui leur faisaient considérer, de préférence, dans l'évolution, l'une de ses faces, celle qui relie le droit du présent à celui du passé, et détournaient leurs regards de l'avenir et du progrès. Cette indifférence à l'égard du droit de l'avenir était d'ailleurs fortifiée par leur opposition aux partisans du droit naturel, les seuls constructeurs de droit idéal qu'ils avaient devant eux, qui liaient, d'une manière absolue, leurs systèmes à de pures conceptions *a priori*. Mais le principe de l'École historique implique une théorie de la formation du droit futur, aussi bien que de celui du passé. Bergbohm soutient vainement que toute recherche de cette nature ne peut qu'aboutir à un retour au droit naturel. Comme le dit, avec raison, un auteur récent, Neukamp, dans son *Introduction à l'histoire de l'évolution du droit*, la question de la formation du droit futur relève si peu du vieux droit naturel, qu'elle est une conséquence nécessaire de la théorie de l'École historique, conséquence si inévitable et si proche, qu'on ne comprend pas que cette école ne l'ait pas elle-même développée et mise au jour. Ce serait une sorte de faillite de la science juridique que de renoncer à toute recherche spéculative sur la matière, sur le contenu du droit[1].

Nous ne faisons nulle difficulté de reconnaître que l'étude du droit positif sous le point de vue pratique, et la détermination des formes générales du droit, considérées en elles-mêmes et indépendamment de son contenu, sous le point de vue technique, sont les parties les plus fixes, les moins hypothétiques, et si l'on veut, les plus essentielles de la science juridique, en ce que ce sont elles qui la carac-

1. Neukamp. — *Einleitung in eine Entwickelungsgeschichte des Rechts*. Berlin, C. Heymann, 1895.

térisent le mieux, et la distinguent de toutes les autres sciences. Mais en excluant complètement de ce domaine toutes les recherches sur le contenu idéal du droit, on se met en contradiction avec la notion que l'on s'est toujours faite de la philosophie du droit, qui a précisément servi jusqu'ici à caractériser les spéculations portant, non sur la forme, mais sur la matière des règles juridiques. Une telle appellation ne mérite pas d'ailleurs la réprobation dont la frappe M. Bergbohm. Il faut seulement déterminer exactement sa valeur et son véritable objet.

Le droit a, dans le plus grand nombre de ses dispositions, un caractère purement formel. Il ne tire pas son contenu de lui-même, il l'emprunte aux conditions, aux rapports réels de la vie sociale. Le droit idéal qu'imaginent le législateur et le juriste philosophe est dès lors inséparable de la conception idéale d'un état social concomitant. Les spéculations sur cet objet sont donc d'un ordre essentiellement complexe. Elles relèvent de la science sociale, aussi bien que de la science juridique; elles tendent à réformer la société en même temps que le droit, à construire une cité juridique nouvelle. Elles procèdent de la pensée phisophique et sociale appliquée aux choses du droit. Mais elles méritent précisément ainsi la place éminente qui leur a été assignée jusqu'ici dans la philosophie du droit. Il ne semble pas d'ailleurs que le nom de la politique du droit, que M. Bergbohm, et d'autres avec lui, voudraient substituer à cette appellation, soit heureusement choisi. Si la politique fournit une contribution importante au contenu du droit, d'autres sciences, telles que la morale et l'économie politique, pour ne nommer que les principales, y ont encore une plus grande part. Il est difficile, dans tous les cas, quel que soit le nom qu'on leur donne, de contester la haute valeur de telles spéculations; car elles ont exercé, à toutes les époques, une influence considérable sur l'avancement du droit tout entier, même lorsqu'elles se présentaient sous la forme imparfaite du droit naturel, et qu'elles ne reconnaissaient pas, comme on le fait généralement aujourd'hui, le caractère véritable de l'ordre juridique et son étroite dépendance de tout l'ensemble de la vie sociale.

DEUXIÈME PARTIE

LA FINALITÉ DANS LE DROIT

CHAPITRE PREMIER

JHERING. LE BUT DANS LE DROIT

Le célèbre jurisconsulte historien dont nous inscrivons le nom, pour la première fois, en tête de ce chapitre, mérite une place à part dans la discussion de l'École. Il n'a pas seulement repris, en l'amplifiant et la revêtant des riches couleurs de son imagination et de son style, la critique des vues personnelles de Savigny et de ses premiers disciples. Il a construit, sur ses propres vues, et d'après une interprétation différente de l'évolution et des données de l'histoire, tout un système de philosophie du droit, dans lequel il oppose, à la conception trop idéaliste de la formation inconsciente de l'ordre juridique par les forces latentes sorties du caractère du peuple, la théorie, non moins exclusive, de l'absolue finalité, et de la formation du droit, toujours consciente des buts objectifs qu'il est appelé à réaliser.

L'œuvre d'Jhering est surtout connue en France, par son grand ouvrage de l'*Esprit du droit Romain*, son opuscule du *Combat pour le droit*, et les écrits divers édités, sous le titre d'*Études complémentaires*, par M. de Meulenaere, son fidèle et savant traducteur[1].

Le *But dans le droit*, dont le premier volume seul a été traduit sous un titre nouveau[2], a été signalé d'abord et brièvement résumé par M. Durkheim, dans la *Revue philosophique* de M. Ribot, puis par M. Aguiléra, dans son livre sur l'*Idée du droit en Allemagne*, et a fait ensuite l'objet d'une intéressante analyse de M. Bouglé, dans une étude sur les *Sciences sociales en Allemagne*[3].

1. R. von Jhering. — *L'Esprit du droit romain.* 2e éd. Paris. 1880. — *Le combat pour le droit.* Paris. 1875. — V. notamment dans les *Etudes complémentaires de l'esprit du droit romain : Du rôle de la volonté dans la possession.* A. Maresq. 1896.

2. *Der Zweck im Recht.* Leipzig. 1877-1883. 2 vol. 2e éd. 1884-1886. Trad. sous le titre, mal à propos transformé, de l'*Evolution dans le Droit.* A. Maresq. 1901.

3. Durkheim. *Revue philosophique*, an 1897, 2 sem. p. 49. — M. Aguiléra. *L'idée du droit en Allemagne, depuis Kant jusqu'à nos jours.* Paris. F. Alcan. 1893, p. 220 et s. —

M. de Meulenaere nous a donné récemment la traduction d'une des œuvres posthumes d'Jhering : *Les Indo-Européens avant l'histoire*. Il en a traduit encore une autre, qui n'est que le commencement d'une *Histoire de l'évolution du droit romain* qu'Jhering avait promis d'écrire pour le *Manuel de la Science du droit* de Binding, et dont il n'avait composé que l'introduction et quelques chapitres relatifs à la maison romaine [1].

Jhering pose et développe, en tête de son ouvrage du *But*, le principe de la finalité, dont il fait l'application au droit dans le premier volume, et dans le second, à la morale. Cette interversion de l'ordre naturel des choses, dans un système qui assigne un seul et même principe à la morale et au droit, a introduit quelque confusion dans son ouvrage, avec de nombreuses répétitions et certaines contradictions ; elle est le résultat de la manière dont l'auteur a com-

C. Bouglé. *Les sciences sociales en Allemagne*, Paris, F. Alcan, 1896. — V. parmi les études critiques publiées en Allemagne sur cet ouvrage, celle de Dahn, *Die Vernunft im Recht, Grundlagen der Rechts-philosophie* (Berlin, 1879), qui contient en même temps, comme l'indique son sous-titre, l'exposé des vues personnelles de l'auteur sur la philosophie du droit.

1. *Les Indo-Européens avant l'histoire*. Paris, 1895. — *Entwickelungsgechichte des romischen Rechts* (Einleitung u. Verfassung des römischen Hauses). Leipzig, 1894.

posé son œuvre, en en étendant le sujet progressivement, au cours même de sa publication.

Le but est le créateur de tout le droit ; il n'est aucune règle de droit qui ne doive son origine à un motif pratique, à un but.

Une double loi gouverne le monde sensible, la loi de causalité pour les êtres inanimés, la loi de finalité pour les êtres animés. Rien n'arrive dans le monde sans cause. Un mouvement de la volonté sans cause est aussi inconcevable qu'un mouvement de la matière. La seule différence est que la cause est mécanique dans le monde matériel, tandis qu'elle est, pour la volonté, de nature psychologique. C'est, pour la volonté, la cause finale, c'est le but.

Le but le plus général du droit est la garantie des conditions de la vie sociale, par la force coercitive de l'État.

Ces conditions peuvent se diviser en trois classes : extra-juridiques, mixtes, juridiques.

Les conditions extra-juridiques sont celles qu'impose à l'homme le milieu naturel dans lequel il vit. Le droit n'a aucun pouvoir sur elles ; il n'en a que sur l'homme et ses œuvres.

Les conditions mixtes concernent l'entretien et la conservation de la société, et son développpement normal par l'organisation du travail, du commerce et de l'industrie. Le droit ne doit venir qu'exceptionnellement au secours des activités naturelles qui pourvoient à ces divers objets.

Les conditions juridiques sont celles pour la garantie desquelles la société s'en remet exclusivement au droit.

Lorsqu'on dit que le droit garantit les conditions de la vie sociale, on n'entend pas par là qu'il doive les régler toutes, de manière à leur appliquer à toutes indistinctement les sanctions dont il dispose. C'est des conditions juridiques seules qu'il s'agit[1].

Cette conception du but du droit et de son adaptation aux conditions de la vie, prise dans sa grande généralité, prête peu à la critique, et peut être acceptée par tous ceux qui fondent l'ordre juridique sur des bases positives. Mais elle a reçu, dans le second volume consacré plus particulièrement à la morale, et dans les écrits qui ont suivi, des développements qui appellent d'amples réserves. Ces réserves s'appliquent surtout aux généralisations philosophiques de l'auteur sur les forces génératrices de la morale et du droit, et sur la causalité ex-

1. Jhering. *Der Zweck*. t. I, p. 435.

terne à laquelle en définitive, il les ramène toutes, et d'où il fait sortir l'évolution de la vie sociale tout entière. Il semble que les traits de la doctrine d'Jhering n'aient pas toujours été bien arrêtés dans son esprit, et on pourrait signaler, dans l'élaboration qu'il en fait au cours de son œuvre, d'assez nombreuses variations. La pensée de l'auteur a manifestement évolué et s'est modifiée et transformée, depuis son *Esprit du droit romain* jusqu'à son dernier ouvrage. Cette marche progressive de sa pensée se fait déjà remarquer dans les deux volumes du *But*, publiés à six ans de distance l'un de l'autre, et ensuite et d'une manière plus marquée, dans les écrits qui ont suivi. Tandis qu'il distingue nettement, dans son premier volume, entre les conditions matérielles et les conditions idéales de la vie, et qu'il paraît reconnaître, dans la nature humaine, la dualité des instincts égoïstes et de mobiles moraux et désintéressés, il insiste surtout, dans le second volume, sur les forces égoïstes d'où il fait sortir toutes les autres, et dans ses écrits ultérieurs, sur l'action souveraine, dans l'évolution, des conditions matérielles de la vie, et la causalité externe, à laquelle il ramène, en dernière analyse, tous les éléments de la vie sociale.

M. Neukamp, dans son *Introduction à l'his-*

toire de l'évolution du droit, croit voir, sous ce rapport, une contradiction dans le dernier ouvrage de d'Jhering sur l'évolution du droit romain. Il remarque que, dans des passages différents de cet écrit, l'auteur paraît, tantôt admettre une double causalité, interne et externe, tantôt exclure cette dualité pour s'en tenir à la seule causalité externe. Dans un premier passage, Jhering reconnaît deux sortes de causes efficientes de la formation du droit : 1° des impulsions internes, le caractère du peuple, sa manière de sentir et de penser, son degré de culture dans un temps donné; 2° des impulsions externes qui résident dans les conditions économiques, politiques et sociales de ce même peuple dans le même temps. Dans d'autres passages, au contraire, il assigne pour but à la science, de remplacer partout le point de vue de la spontanéité interne par la causalité externe, et pour but spécial à son livre, de détruire la théorie régnante, dans l'histoire du droit, d'après laquelle l'évolution se ferait du dedans au dehors, pour lui substituer l'idée contraire de l'influence exercée par le monde extérieur sur le droit.[1]

Cette contradiction n'est qu'apparente. Jhering

1. Neukamp, *op. cit.*, p. 95.

reconnaît bien, dans l'histoire, l'existence de deux sortes de phénomènes, internes et externes, qui paraissent exercer concurremment une influence sur le droit, dans le cours de son évolution. Mais ce n'est là pour lui qu'une apparence ; ce n'est pas le fond des choses. Les phénomènes internes, tels que le caractère du peuple, sa manière de penser et de sentir, qu'il paraissait encore considérer, dans son *Esprit du droit romain*, comme un fait donné, un principe final d'explication, se résolvent purement et simplement, par une dernière analyse, dans les phénomènes externes d'où ils dérivent. Une partie de son livre des *Indo-Européens avant l'histoire*, où il traite des Aryens et de leur période de migration, et de la civilisation babylonienne, est consacrée à illustrer cette thèse. Nous ne pouvons pas entrer ici dans l'examen détaillé de cet essai de reconstitution d'un passé antéhistorique et des hypothèses hardies sur lesquelles il repose. C'est dans le livre même qu'il faut lire les développements ingénieux et brillants dans lesquels l'auteur fait sortir toute la civilisation babylonienne, de l'habitat, du sol, du voisinage de la mer, et de la fabrication de la brique et de la construction du navire qui en furent la conséquence.

Ce sont ces mêmes tendances ultra-positivistes d'Jhering, qu'on remarque dans son second volume du *But*, avec sa détermination des mobiles de la conduite humaine, et l'unité finale à laquelle il les ramène tous.

Il trouve cette unité dans le seul égoïsme. On pourrait croire, si l'on s'en tenait à son premier volume, qu'il admet, à côté de ce sentiment, un autre sentiment également naturel, coexistant avec lui, le désintéressement, le détachement de soi, de son nom moderne le plus usuel, l'altruisme. Mais on voit, dès le second volume, que ce n'est pas là sa véritable pensée. L'égoïsme est proclamé le seul sentiment primitif et naturel; et c'est de ce sentiment que la vie sociale a dégagé tous les autres, différents en apparence, mais qui s'y rattachent étroitement. Sec et nu chez l'homme de la nature, transformé chez l'homme civilisé, épuré et surtout agrandi dans le corps social, c'est toujours l'égoïsme fondamental et primitif.

Jhering développe cette idée sous toutes les formes, et avec un caractère de plus en plus absolu dans ses derniers écrits. C'est l'égoïsme que la nature a implanté dans le cœur de l'homme; l'histoire seule a tiré de lui le sens moral et le sentiment du droit. L'égoïste est le produit de la nature; l'homme moral est le produit de la société. La morale n'est autre chose que l'égoïsme dans sa forme la plus haute; c'est la répétition d'une même pensée, à un degré plus élevé de l'évolution. Ce n'est pas, selon une formule qu'il se plaît à répéter, le sentiment du droit qui a créé le droit; c'est le droit qui a créé le sentiment du droit. Le droit est, comme tout le monde moral, une simple création de l'homme, « à laquelle la nature n'a pas eu la moindre part »[1].

Merkel, dans son Introduction philosophique à la science du droit, de l'Encyclopédie d'Holtzendorff, a signalé, en très bons termes, l'erreur d'Jhering sur ce point. L'utilitarisme perfectionné, tel qu'il le reconnaît chez Jhering, Stuart Mill, Leslie Stephen et d'autres, n'accorde pas la valeur qui lui appartient à l'être humain et méconnaît l'origine des sentiments moraux qui se forment en lui à tous les degrés de son développement. Nous avons en nous des instincts, des penchants naturels, qui prennent leur racine dans l'organisation humaine et la structure particulière de l'individu. L'âme d'un jeune citoyen du monde n'est pas une feuille blanche sur laquelle on peut inscrire n'importe

1. V. *Der Zweck*, t. II, p. 174 et s. : Die gesellschaftliche Théorie; p. 213 et s. : Der Gegensatz von gut und böse; der Tugendbegriff; der Pflchtsbegriff. — *Entwickelungsgeschichte*, p. 19 et passim.

quel contenu, et qui n'y ajoute rien. L'homme n'est un produit de la société qu'au sens dans lequel le chêne est le produit du sol où il prend racine, et qui, d'un chêne, ne peut précisément laisser sortir qu'un chêne. Il y a des forces éthiques qui coexistent avec les forces égoïstes, dans la nature humaine ; et les unes et les autres se développent, à des degrés divers, sous l'influence des conditions sociales. La bonté de cœur n'est pas un fruit des influences sociales, dans un autre sens que la dureté de cœur. La supposition que l'homme est venu au monde comme un égoïste absolu, et que la société a fait naître, comme par enchantement, de son égoïsme, toutes les forces morales dont il avait besoin pour atteindre ses buts sociaux, est aussi arbitraire que celle qui fait de l'individu, marchant dans les rangs de la société, un automate susceptible d'être transformé en une quantité quelconque, au gré des intérêts sociaux.

Il suffit, pour se convaincre du caractère insoutenable d'une telle prétention, de considérer l'amour maternel qui, d'une part, est un élément essentiel de l'éthique humaine et s'y révèle comme l'une des forces de la nature, et qui, d'autre part, se manifeste également aux degrés les plus élevés et moyens de l'animalité.

Les instincts répondant à nos sentiments moraux sont, en général, représentés, de diverses manières, dans le monde des animaux, où ils ne peuvent cependant être considérés comme une production artificielle de l'éducation, ni ramenés, comme source dernière, à l'expérience de l'individu par rapport aux conditions de son bien-être. Or, il est impossible, sans faire preuve d'un dogmatisme qui ferme les yeux à l'évidence des faits, d'admettre que l'organisation humaine soit plus pauvre, sous ce rapport, que l'organisation animale, et que ce qui est sorti, dans celle-ci, d'un penchant naturel, ne se soit développé qu'artificiellement dans la première. L'homme est sociable, de sa nature; il ne l'est pas seulement par la vertu de l'institution sociale. Ses expériences portent, dès l'origine de la vie, à la fois sur des mobiles égoïstes et sur des forces différentes qui contribuent à la formation d'un certain idéal éthique, et qui ne sont pas seulement un écho des impératifs sociaux.

Dans la troisième édition, toute récente de cette même Encyclopédie, le nouvel éditeur Kohler, apprécie de la même manière, les conceptions d'Jhering sur ce point. Elles sont, dit-il, contredites par les premières données de l'histoire. Nous trouvons chez l'homme des sentiments altruistes, si loin que nous remontions dans le passé. L'amour des enfants, l'hospitalité, sont plus anciens que la propriété. L'auteur affirme même que les instincts sociaux, sans doute plus élémentaires, ont du moins une plus grande force à l'origine des sociétés, et que ce n'est que plus tard que l'égoïsme de l'individu prend toute son extension. L'interprétation d'Jhering, des données historiques sur ces formations morales, les dénature [1].

Dans son étude si pénétrante sur la *Psychologie des Sentiments*, M. Ribot rejette également la théorie qui fait de l'altruisme un simple produit de l'égoïsme transformé. Il montre que l'instinct altruiste est lui-même naturel et primitif; qu'il en est de même du sentiment moral qui en dérive; que ce sentiment n'est pas, à son origine, dû à une idée, à un jugement; qu'il est, dans son fond, de l'ordre moteur, non de l'ordre intellectuel, mouvement ou arrêt de mouvement, tendance instinctive à agir où à ne pas agir, et, en ce sens,

1. R. v. Holtzendorff. *Encyclopädie der Rechtswissenschaft* : Merkel, 5e éd., p. 87; et Kohler, 6 éd. (1902), p. 13. — V. sur la Morale utilitaire; avec Guyau, *La morale anglaise contemporaine*, et Fouillée, *L'idée moderne du droit*; l'important ouvrage de Wundt, Etik, 3e éd. (1903), t. I, p. 484 et s., et t. II, p. 9 et s.

inné en un mot, non à la façon d'un prétendu archétype invariable, éclairant partout et toujours, et d'où les idées morales sortiraient, innées elles-mêmes et toutes formées, mais à la manière de la faim, de la soif et des autres besoins constitutifs. Et M. Ribot donne, avec Merkel, comme la meilleure preuve en faveur de l'innéité du sentiment altruiste, l'affection, l'attachement qui se rencontrent même chez les animaux, et qu'on ne peut attribuer à un calcul, à des prévisions intéressées; de telle sorte que l'innéité de ce sentiment lui paraît établie sans réplique[1].

Jhering pousse encore, à un autre point de vue, sa théorie à ses conséquences extrêmes, par son abus de la finalité absolue qui lui fait voir, dans toutes les périodes de la vie sociale, même les plus primitives, une formation consciente de la morale et du droit. Il est en désaccord, sur ce point, avec les adversaires même de l'École historique, qui reconnaissent, la plupart, la formation inconsciente du droit dans sa première période coutumière; il l'est également avec les philosophes les plus engagés dans les voies de la science positive.

M. Ribot, dans l'ouvrage que nous venons de

1. Ribot: *La Psychologie des sentiments*, p. 234 et 286. Paris, F. Alcan.

citer, remarque qu'il faut distinguer, dans l'évolution de la morale, deux périodes distinctes. La première, instinctive, spontanée, inconsciente, déterminée par les conditions d'existence du groupe, s'exprime par les mœurs, mélange hétérogène de croyances et d'actes, moraux, immoraux, ou amoraux, ou puérils. La seconde, consciente, réfléchie, aux aspects multiples comme les formes supérieures de la vie sociale, s'exprime dans les institutions, les lois écrites, les codes civils et religieux, et plus encore dans les spéculations abstraites des moralistes et des philosophes. La plupart des constructeurs de morale savante ont dédaigné la première période; et c'est à tort, car elle est la source[1].

La finalité consciente, quel que soit son rôle, et quoique son importance augmente progressivement avec les périodes les plus avancées de la civilisation, ne peut pas servir d'explication intégrale de la vie sociale, de toutes les règles de la morale, et du droit.

Cette critique d'Jhering sur deux points, dont le premier, d'une grande importance pour la morale, intéresse beaucoup moins le droit, ne doit pas nous empêcher de reconnaître toute la

1. *Eod. op.*, p. 284.

valeur de cette œuvre, dans laquelle ce juriste génial précise, mieux qu'on ne l'avait fait encore avant lui, le véritable but objectif du droit. Kohler ne lui rend pas, sous ce rapport, la justice qui lui est due. Il ne se borne pas à critiquer, à bon droit, sa théorie des sentiments moraux. Il apprécie, avec une grande sévérité, et selon nous, avec une grande injustice, tout cet ouvrage qu'Jhering plaçait bien au-dessus de son *Esprit du Droit romain*, et qui constituait, dans sa pensée, la dernière expression de son élaboration scientifique du droit[1]. Il est vrai que Kohler ne reconnaît aucune autre philosophie du droit que celle de Hégel, et qu'il condamne tout système dépourvu d'un fondement métaphysique[2]. Nous ne pouvons pas entreprendre ici la discussion de la philo-

1. V. dans la Préface de la traduction de M. de Meulenaere les extraits de quelques lettres d'Jhering sur ce sujet. 3 avril 1883 : « Cet ouvrage-ci, et non l'*Esprit du Droit romain*, contient le résultat de toute ma vie scientifique. On ne le comprendra que lorsqu'il sera terminé. L'*Esprit du Droit romain* n'en est, dans ma pensée, que la préparation. Mais l'*Esprit du Droit Romain* devait être écrit pour pouvoir entamer cette étude-ci, dont l'élaboration renferme ma suprême mission scientifique. »

2. Kohler, *loc. cit.* : Quand on descend, dit-il, des hauteurs de la philosophie de Hégel aux systèmes d'un Krause, d'un Ahrens, d'un Röder, il semble qu'on passe d'un palais magnifique à une petite maison bourgeoise ; et quand on arrive à Jhering, on croit tomber dans une chambre de pauvres gens. Toute l'œuvre d'Jhering est bâtie sur le sable, sans

sophie de Hégel qui est, en général, justement délaissée, même en Allemagne, par la pensée contemporaine. Mais le reproche fait par Kohler à Jhering de ne pas avoir donné à son système une base métaphysique procède d'une appréciation, que nous ne pouvons pas partager, sur la valeur d'un principe transcendant du droit, dans le domaine scientifique. Sans doute il est permis au moraliste et au juriste philosophe qui veulent introduire une certaine unité dans leur conception du monde et de la vie, de rattacher leurs théories à quelque grand principe métaphysique. Mais ils sortent alors du champ de l'observation et de la science, et ne peuvent trouver, dans un tel principe, un secours appréciable pour la détermination des règles concrètes de la morale et du droit.

aucun fondement philosophique, et sa métaphysique est à peu près celle d'un pasteur de campagne de la Frise. — Nous n'exagérons pas, nous atténuons plutôt et résumons.

CHAPITRE II

LES THÉORIES FINALISTES ET UTILITAIRES. LEURS CONTRADICTEURS

Si Jhering, suivant d'ailleurs sur ce point, les théories utilitaires courantes, exagère le rôle de la finalité consciente dans les périodes primitives de la formation de la morale et du droit, une nouvelle école, par une théorie toute contraire s'est efforcée, dans ces dernières années, de bannir entièrement cette notion de ces deux domaines.

Les systèmes utilitaires et téléologiques n'ont été combattus, pendant longtemps, qu'au nom de l'idéalisme. On tenait leurs défenseurs pour les représentants de la science contre les spéculations philosophiques, des données de l'expérience contre la raison abstraite.

Une nouvelle école les a combattus, ces dernières années, au nom de la science elle-même. C'est au nom de la science qu'on paraît vouloir exclure la finalité, de la sociologie, de la morale et du droit.

Mais les discussions qui se sont élevées à ce sujet présentent une certaine confusion.

Après avoir, avec raison, rejeté la finalité dans les sciences de la nature, et justement critiqué l'abus qu'on y a fait des explications téléologiques des phénomènes naturels, il ne faudrait pas cependant vouloir l'exclure du domaine qui lui est propre, et où elle se manifeste avec une évidence irrésistible, celui des actions humaines volontaires et conscientes.

C'est ce que paraissent faire quelques écrivains, et non des moindres, sociologues et moralistes.

Ces écrivains veulent proscrire la finalité dans toutes les branches de la science. Ils poursuivent tous les conceptions finalistes, avec une telle rigueur qu'on dirait qu'ils veulent l'exclure, même des actions humaines volontaires et conscientes, comme indifférente, oiseuse, et dépourvue de toute valeur.

Il y a là une équivoque qu'il importe de dissiper. Elle provient de la distinction, juste au fond, que ces auteurs établissent entre la science et l'art, mais qu'il ne faut pas exagérer, lorsqu'on traite des sciences morales et politiques.

La science, dit-on, est la connaissance de ce qui est; l'art, la connaissance de ce qui doit être. La science de la morale, est la recherche de la réalité morale et des mœurs, dans le présent et dans le passé. Cette réalité doit être étudiée en elle-même, en faisant abstraction de toute finalité. Cette étude toute scientifique a pour objet la découverte des lois qui gouvernent le monde social. Cette recherche sera longue et difficile. Elle donnera cependant, lorsqu'elle sera plus développée, quelques lois qui permettront de prévoir les phénomènes sociaux; dans une certaine mesure, fourniront à l'homme les moyens les plus propres à réaliser sûrement ses fins, et substitueront ainsi, à un art empirique, un art rationnel fondé sur les seules données de l'expérience. Mais ces résultats, si imparfaits qu'ils soient, ne pourront être obtenus que dans un temps très éloigné et que nous ne pouvons encore prévoir[1].

1. V. notamment : Lévy-Brühl. *La morale et la Science des mœurs*. F. Alcan, 1903. — Dans cette forte étude, qui contient une savante et profonde analyse de la réalité morale empirique, l'auteur soutient qu'il n'y a pas de science de la morale, qu'il n'y a qu'une science des mœurs, et qu'un art moral rationnel, qui n'existe pas encore, ne sera rendu possible que par la connaissance des lois que cette science pourra seule découvrir, indépendamment de toutes fins et de tous idéaux sociaux. Cette thèse a été déjà souvent et très

On applique cette distinction au droit. La science du droit est la connaissance de ce qui est, ou a été, de toute la réalité juridique, coutumière ou légale, dans le présent et dans le passé. La législation, que l'on appelle improprement une science, n'est qu'un art. Ce n'est que la découverte des lois dans le monde social qui lui donnera le moyen de poursuivre et d'atteindre ses véritables fins, qui lui donnera les bases fixes qui lui font défaut.

Nos auteurs ne s'expliquent pas sur ce que deviendra l'art de la conduite, si nécessaire cependant, en attendant la découverte de ces prétendues lois, si lointaines encore, si longues, et si difficiles à établir. Ils paraissent presque s'en désintéresser. On vivra, on développera sa conduite empiriquement, et semble-t-on dire, comme l'on pourra.

On voit, au seul énoncé de cette thèse, tout ce qu'elle a d'excessif.

Cette assimilation entre les prétendues lois sociales, qui sont encore à découvrir, pour la plupart, et dont aucune n'est d'ailleurs admise sans contestation, et les lois naturelles, est

bien réfutée. (V. Fouillée. *Eléments sociologiques de la morale.* F. Alcen, 1903, p. 254 et s. — Ch. Belot. *Etudes de morale positive,* p. 112 et s., F. Alcan, — et tout récemment E. Faguet. *La Démission de la morale,* Paris, 1910, p. 115 et s.

empreinte d'un optimisme scientifique exagéré, et méconnaît la nature des choses, et des deux domaines bien distincts, des sciences proprement dites, et des sciences politiques et morales.

C'est là un legs de la philosophie de Comte, qui considérait cette connaissance des lois comme très avancée par la seule apparition de son système philosophique, et qui croyait voir, dans ce système, un instrument déjà très précieux de prévision des phénomènes sociaux. On sait à quel point cet espoir de Comte a été trompé.

Les lois sociales que nous pouvons découvrir, seront toujours empreintes, dans un état donné quelconque de nos connaissances, d'un caractère de contingence beaucoup plus grand que toutes les autres lois scientifiques, et même que celui des lois des sciences naturelles. C'est ce qui résulte de l'infinie complexité des éléments dont la considération s'impose à l'observateur, dans leur détermination, et qu'il ne peut que très difficilement embrasser tous ensemble d'un regard assuré. Ce n'est pas sans quelque abus de langage, que nos savants sociologues parlent si volontiers des véritables lois sociologiques, avec les moyens si imparfaits qu'ils ont de les établir, alors que, dans les sciences proprement dites, on reconnaît encore, aux lois expérimentales les mieux établies, un certain caractère hypothétique.

Mais alors même que la connaissance de ce qui est, constituerait, dans la sociologie, la morale ou le droit, l'objet le plus important de la recherche scientifique, il serait encore illégitime d'établir, dans ces branches de nos connaissances, une séparation aussi absolue entre la science et l'art.

La réalité sociale se composant, pour une grande partie, d'actions humaines volontaires et conscientes, on ne peut proscrire, même dans la seule étude de cette réalité, toute considération de finalité.

Il serait sans doute dangereux et faux, de chercher, pour chaque institution, dans les fins que nous concevons et auxquelles elle peut servir aujourd'hui, les motifs de son établissement au moment où elle a fait son apparition dans le monde. Mais il n'en est pas moins utile et indispensable, pour l'intelligence complète de cette réalité, de connaître, avec ses fins actuelles, celles qui lui ont donné naissance.

On objecte, pour diminuer la valeur pratique de toutes les conceptions finalistes, que le but poursuivi, dans les actions individuelles ou sociales, est souvent manqué, et que le choix et la discussion des moyens sont beaucoup plus importants, pour la conduite, que la détermination des fins.

C'est un fait d'expérience incontestable, qu'une fin poursuivie est souvent manquée, qu'une action, accomplie dans un certain but et en vue de produire un effet, peut produire un effet tout différent, et même parfois contraire.

Mais de ce que, par suite de la complexité de de nos actions et de la réaction qu'elles exercent les unes sur les autres, comme aussi par l'infirmité des prévisions humaines, nos actions n'atteignent pas toujours le but qu'elles visent, il ne s'ensuit pas qu'elles donneraient de meilleurs résultats, si elles s'étaient accomplies sans but. Car alors, ce serait la vie la plus incohérente qui serait la plus raisonnable. Le meilleur moyen d'obtenir une vie individuelle et sociale aussi cohérente que possible, est d'avoir une vue claire de ses buts. Le passage, dans une société, de l'inconscient au conscient, est un des caractères certains de l'évolution et du progrès.

On oppose encore, aux conceptions finalistes, un autre fait bien connu. C'est que des institutions, établies dans un certain but, servent ensuite à d'autres fins qui se substituent aux premières. C'est ce qu'on a appelé, l'hétérogénéité, la métamorphose des fins.

Cette substitution des fins, les unes aux autres, ne prouve rien contre la finalité. Elle nous montre seulement la très grande plasticité des institutions humaines. Elle nous fait voir que l'homme est toujours très fortement influencé par la tradition, et qu'il est ainsi amené à adapter des institutions anciennes à des buts nouveaux au lieu d'en créer de nouvelles. Ce phénomène s'explique et se justifie mieux encore, par le motif qu'une telle adaptation, moins parfaite peut-être que ne le serait une institution nouvelle, a du moins l'avantage d'apporter le moins possible de changements aux rapports anciens, et de rendre inutile une réadaptation générale de ces rapports, qu'une création nouvelle aurait rendue nécessaire. On a remarqué que souvent le meilleur moyen d'introduire une réforme et de la faire vivre, dans un certain état social, est de l'adapter le mieux possible, aux anciens rapports établis, en laissant subsister, dans ceux-ci, tout ce qui peut être conservé. Les institutions anciennes peuvent donc se maintenir avec des buts nouveaux; mais c'est à la condition qu'elles puissent s'adapter, d'une manière plus ou moins complète, à ces buts. Si cette adaptation est impossible, ou si ces buts sont caducs, l'institution tombe ; elle n'est plus qu'une simple survivance, et finit par disparaître.

Une autre objection, d'une portée plus générale et de principe, a été dirigée contre la finalité, surtout dans ces derniers temps. On soutient que les fins ne déterminent pas, au fond, même nos actions volontaires et conscientes, que la vue anticipée de ces fins n'est qu'une sorte d'épiphénomène, qui ne peut influer en rien sur le cours naturel des choses [1].

Sans doute les fins directes de nos actions ne sont pas des causes premières, et ces actions sont déterminées par une série complexe de phénomènes dont un grand nombre se dérobent à notre vue, et dont l'enchaînement nous échappe. Mais quand ces fins iraient, dans la série infinie des phénomènes antécédents, générateurs d'une action donnée, se perdre dans un mécanisme universel, qui n'est d'ailleurs qu'une hypothèse, et dont notre intelligence n'aura sans doute toujours qu'une notion très imparfaite, leur considération n'en

1. V. Le Dantec (*Le Conflit*, Paris 1901 ; et *Les Influences ancestrales*, Paris 1905), qui pousse cette théorie à ses conséquences les plus extrêmes.

serait pas moins d'une importance capitale pour la pratique, puisqu'elles sont incontestablement les conditions les plus prochaines de nos actions. Dire que ces prétendus épiphénomènes, quoique accompagnant nécessairement l'acte volontaire conscient, n'ont aucune influence sur le cours des choses, et que tout se passerait de la même manière s'ils n'existaient pas, nous paraît un non-sens, même au point de vue du déterminisme universel.

La finalité ne peut être négligée dans l'étude des phénomènes sociaux. On peut toujours étudier ces phénomènes sous les deux aspects différents de la finalité et de la causalité. Ces deux principes ne s'excluent pas ; ils se complètent plutôt l'un par l'autre. L'application de la finalité n'est possible que sous la condition de la validité et de l'application simultanée de la causalité[1].

Il ne faut pas cependant confondre, comme le fait Jhering, en les assimilant et en les mettant sur le même rang, la cause physique et le but, qu'il appelle la cause psychiologique. La vue anticipée du but ne nécessite pas l'action comme la cause naturelle nécessite l'effet. L'action peut ne pas se produire, elle peut être

1. Wundt. *Logik*. Der Zweck, p. 642 et s.

suspendue. Elle peut, si elle est exécutée, ne pas atteindre le but poursuivi, ou amener un autre résultat. Enfin plusieurs actions différentes peuvent être imaginées et accomplies pour réaliser le même but. Mais si ces contingences rendent la recherche téléologique moins sûre que la recherche causale, elles ne lui enlèvent pas son utilité.

C'est la nature des phénomènes à étudier et des sciences ou des arts qui s'y rapportent qui déterminera l'emploi de l'un ou de l'autre de ces modes de recherches, selon que leur application sera plus ou moins facile, ou plus ou moins efficace pour la solution des problèmes pratiques de la vie sociale.

La finalité est surtout manifeste et s'impose, avec une force irrésistible, dans le droit.

Il n'y a pas de loi, petite ou grande, qu'il s'agisse des lois fondamentales de l'État, des lois d'intérêt général, ou des dispositions portant sur l'intérêt le plus minime, qui n'aient été inspirées par un but, ou ne se justifient par lui. Le jugement qu'on porte sur elles, sur leur opportunité, leur légitimité ou leur caractère nuisible ou inopportun, est, avant tout, un jugement téléologique. Ce qu'on discute, dans les délibérations qui précèdent leur promulgation, ce sont les effets qu'elles sont destinées à produire.

Il n'en est pas autrement dans le domaine politique.

Tous les partis invoquent le bien public, comme le but le plus général de leur activité. C'est du moins le masque dont ils se couvrent, et dont ils voilent leurs vues même les plus intéressées. Tous les régimes politiques, monarchiques, oligarchiques, démocratiques, tous les systèmes de gouvernement, peuvent invoquer d'autres principes ; mais ils font valoir, en première ligne, pour se justifier, leur but et les bienfaits qu'ils répandent sur les individus et la communauté.

L'éloquence politique elle-même délaisse, de plus en plus, les principes abstraits, les grands mots, les idoles verbales. Elle s'en sert sans doute encore pour mener les foules, comme avec un drapeau, pour agir sur les passions populaires. Mais au fond, ce sont les fins, les buts concrets, qu'on discute, et sur lesquels on compte pour obtenir un jugement éclairé sur tout ce qui fait l'objet d'une délibération réfléchie.

CHAPITRE III

LA FINALITÉ LATENTE

Les divers systèmes qui paraissent ne fonder le droit que sur des conceptions religieuses métaphysiques ou purement idéologiques et *a priori*, n'excluent pas cependant toute finalité.

La finalité n'est pas entièrement inconciliable avec les systèmes théologiques. Comme il est impossible de rattacher toutes les règles du droit à des commandements ayant leur origine dans l'autorité divine, on peut, dans ces systèmes, sans contradiction avec leur principe, prendre en considération les buts concrets de la vie, pour établir les autres prescriptions juridiques si variées et si complexes. Mais le but n'est ici que secondaire, et il faut toujours que ces prescriptions soient en accord avec les vérités révélées ou tenues pour telles. Le droit, en un mot, y est sous la dépendance de la théologie. Cette dépendance peut être plus ou moins grande, selon les conceptions théologiques de l'auteur. Elle n'en existe pas moins nécessairement; et c'est même là le caractère essentiel qui distingue ces systèmes de tous les autres.

La finalité peut s'allier aussi, et plus librement, avec les théories du contrat social. On a présenté généralement, sous ce rapport, les théories de Hobbes et de Rousseau, d'une manière inexacte ou incomplète.

On dit souvent que, dans le système de Hobbes, le juste et l'injuste sont déterminés arbitrairement par le souverain absolu. Cette proposition n'est vraie que dans les rapports du souverain avec les sujets. Mais, dans la pensée de Hobbes, le juste en soi, aux yeux du philosophe et même du législateur souverain, est ce qui est conforme au bien de tous, et l'injuste, ce qui lui est contraire.

L'exposition de la théorie de la volonté générale chez Rousseau, donne lieu à une confusion analogue. La finalité n'en est pas exclue, elle y est seulement présentée sous une forme indirecte. La volonté générale, dans cette théorie, a la même force que celle que Hobbes prête au souverain absolu : ses décrets sont infaillibles et doivent être obéis. Mais elle est toujours bonne et toujours droite, parce qu'elle ne peut vouloir que le bien commun.

Cette conformité nécessaire de la volonté générale avec ce que Rousseau appelle le bien commun, est une idée fondamentale, quoique passée souvent inaperçue, dans la doctrine; et c'est elle qui explique et concilie le mieux les passages obscurs, en apparence contradictoires, dans lesquels il définit la volonté générale.

Les systèmes rationalistes purs qui paraissent exclure avec le plus de rigueur toute finalité, ne peuvent, en aucune manière, rendre compte du contenu du droit, ni de son origine vraie. Lorsque, par une rencontre d'ailleurs assez rare, leurs auteurs descendent de leurs spéculations abstraites à la pratique, ils n'arrivent à expliquer les règles juridiques les plus élémentaires que par des hypothèses sans fondement, ou des déductions forcées, tout arbitraires, sous une apparence logique; et quand ils en donnent une véritable justification, c'est par des raisonnements téléologiques inconscients ou plus ou moins habilement déguisés.

C'est une démonstration qu'on a faite souvent, pour Kant, dans l'application de son principe du droit aux prescriptions juridiques les plus simples, celle de l'interdiction de la violation d'un dépôt, par exemple. Elle a été renouvelée et largement développée, sous le rapport de la morale, par M. Sidgwick, *Method of ethics*, dans sa critique des différentes formes de la morale intuitionniste.

Une finalité, latente, ou reconnue plus ou moins ouvertement, est impliquée dans toutes les théories qui donnent une autre base quelconque à l'ordre juridique; et elles ne peuvent échapper, dans leurs applications pratiques, à la considération objective du but.

On trouve fréquemment, comme des aveux de cette finalité, chez les auteurs mêmes qui ont récemment combattu le plus vivement, dans la morale, tous les concepts finalistes, au nom de la science. C'est ainsi que Mr. Lévy-Brühl, dans sa *Science des mœurs*, parle : (p. 17), des applications raisonnables à faire, de ce qui est, *pour le grand bien de tous* ; (p. 155), du meilleur parti à tirer des conditions sociales *pour vivre mieux et plus heureux*; et dans un passage plus décisif encore, d'un article de la Revue philosophique, *de la réserve faite* « des fins qui sont tellement universelles et instinctives, que sans elles, il ne pourrait être question, ni d'une réalité morale, ni d'une science de cette réalité ; ni d'applications de cette science », et enfin, *du but, qu'on prend pour accordé*, « que les individus et les sociétés veulent vivre, et vivre le mieux possible au sens le plus général du mot[1] ». Mais on accorde tout, avec ces fins universelles, si indispensables, dit-on, à la science même, qui se décomposent elles-mêmes nécessairement, en une série de fins particulières concourant au même but.

Le matérialisme historique, de Marx et de son école, aujourd'hui d'ailleurs fortement battu en brêche, est lui-même tout imprégné de finalité. Il veut faire sortir la société nouvelle, dont il prédit la venue, de l'évolution fatale de l'ordre économique, et de la seule action de forces naturelles inéluctables. Mais on a montré depuis longtemps que cette doctrine n'exclut pas en réalité la finalité, qu'elle est toute pénétrée d'éléments téléologiques, dans son postulat d'une société nouvelle, et plus encore dans les moyens prônés pour en hâter l'avènement. L'appel à la lutte de classes n'aurait aucun sens si les fins humaines ne devaient avoir aucune influence sur l'évolution.

C'est ce qu'a vu, l'un des premiers Mr Stammler dans une étude très remarquée sur *l'Éco-*

1. *Revue philosophique*. Juillet 1906, p. 14.

nomie et le Droit[1]. Cet auteur a bien montré, comme le rappelle Mr Croce, comment la finalité est continuellement sous-entendue, par le matérialisme historique, dans toutes ses affirmations de caractère pratique [2].

M. Stammler ne s'est pas borné d'ailleurs à rechercher les rapports de l'économie politique et du droit. Il a esquissé, en même temps dans cette première étude, et développé ensuite dans un second ouvrage sur la *Théorie du juste Droit*, un système de philosophie du droit qui, émanant d'un juriste si estimé et si versé dans toutes les branches de la science sociale, ne peut être passé ici sous silence [3].

Quoiqu'il reconnaisse, avec Jhering, dans une étude beaucoup plus approfondie de la finalité, que le règlement juridique de la vie sociale implique nécessairement l'idée de buts à réaliser, et que le droit n'est toujours qu'un moyen pour un but, il développe un système qui diffère entièrement de celui de cet auteur.

Il pose d'abord le principe général de la finalité dans le droit. Il constate que toutes les règles juridiques tendent par leur nature

1. R. Stammler. *Wirthschaft und Recht nach der materialistischen Geschichtsauffassung*. Leipzig, 1896.

2. Benedetto Croce. *Le matérialisme historique*. Trad. par A. Bonnet. Paris, 1900.

3. *Die Lehre von dem richtigen Rechte*. Berlin 1902.

même, à provoquer une certaine conduite de la part de ceux qui y sont soumis ; que la pensée du but est nécessairement donnée avec de telles règles; qu'on entre ainsi avec le droit, dans le domaine de la téléologie, et que sa légitimité est celle des buts mêmes dont il poursuit la réalisation.

Mais délaissant les buts concrets du droit, conditionnés historiquement, variables selon les temps et les lieux, il cherche une règle de leur légitimité affranchie de toute contingence. Il évoque pour établir cette règle, l'idée d'une communauté d'hommes de bonne volonté, dont les membres seraient libérés de tous les sentiments subjectifs et de tous les mobiles intéressés, et dans laquelle chacun ferait siens tous les buts légitimes des autres. Et c'est dans la conformité de la volonté créatrice du droit à celle de cette communauté idéale qu'il trouve la loi formelle de tous les buts juridiques, la règle unique d'après laquelle doit s'apprécier leur légitimité,

On n'a pas eu de peine à démontrer que cette communauté d'hommes de bonne volonté est tout à fait chimérique ; que la pensée d'un but tout impersonnel, dans lequel celui qui le poursuit n'est animé d'aucun désir subjectif et concret, est une contradiction dans les termes;

qu'un but ne peut être posé, dans la pure abstraction, ni séparé du sujet, quel qu'il soit, et si étendu que soit ce sujet, qu'il s'agisse, d'une communauté, petite ou grande, d'un parti, d'une nation, d'un Etat; et qu'enfin cette communauté imaginaire est aussi impossible à concevoir logiquement qu'irréalisable, comme Stammler le reconnaît lui-même, dans l'expérience[1].

De ce principe qu'il avait seulement posé à la fin de son premier ouvrage, il tire, dans le second, quatre règles principales dont il s'efforce de faire l'application. Mais on a justement fait observer que les résultats auxquels il arrive ainsi sont peu appréciables, qu'ils ne sont d'ailleurs, qu'en apparence, une application de sa méthode, et qu'ils peuvent être atteints plus directement et plus sûrement par d'autres voies[2].

Sa règle, c'est en réalité la loi de la bonne volonté, de Kant, dont il s'inspire manifestement; c'est encore, en tant qu'elle demande que chacun fasse siens les buts légitimes des autres, l'altruisme de Comte, ou mieux encore l'égo-altruisme de Spencer. C'est une disposition

1. G. Simmel, dans *Schmollers Jahrbuch,* an. 1897, p. 578.

2. M. E. Mayer, dans *Kritische Vierteljahrschrift für Gesetzgebung und Rechtswissenschaft,* an. 1906, p. 178 et s.

d'esprit, une direction d'intention, assurément très désirable chez le législateur. Ce n'est pas un principe dont on puisse déduire les règles concrètes du droit.

Tout en appréciant à sa juste valeur, toute la partie critique du premier ouvrage de cet auteur, notamment en ce qui concerne le droit naturel, la finalité, le matérialisme historique, Simmel a dit, avec quelque sévérité, de son système propre, qu'il prouvait une fois de plus que, dans les œuvres de ce genre, la fragilité de la base n'empêchait pas toujours la solidité de la superstructure.

1. G. Simmel, *loc. cit.* p. 578.

TROISIÈME PARTIE

L'ÉVOLUTION ET LA FORMATION HISTORIQUE DU DROIT

CHAPITRE PREMIER

LA FORMATION HISTORIQUE DU DROIT

La loi de la formation du droit n'est pas dans les doctrines du vieux droit naturel tirées de la fiction, depuis longtemps abandonnée, d'un état primitif de nature, ou de celle de la convention et du contrat social, ni même dans les théories rationalistes, demeurées plus en faveur, qui fondent l'ordre juridique sur quelques principes abstraits, dont elles font sortir, par une série de déductions logiques, plus ou moins laborieuses, tout le contenu du droit. Ni la maxime du droit naturel et de l'égale liberté, ni aucune autre formule purement rationnelle de la formation du droit, ne sont compatibles avec l'histoire des institutions juridiques.

Si les vues fondamentales de l'École historique sont vraies, si le droit est dans une corrélation étroite et constante avec tout le développement matériel et moral de la civilisation, et s'il est dominé par les lois de solidarité et de continuité historique qui régissent toute la vie d'une nation, il est clair qu'il ne peut être subordonné à aucun principe absolu pour le droit de l'avenir, non plus que pour celui du passé. Assigner un tel principe à la formation du droit futur est une entreprise vaine, parce qu'elle tend à établir une séparation arbitraire et impossible, entre le présent et l'avenir qu'on veut lui assujettir, et le passé dans lequel on chercherait vainement des traces de son application.

La théorie utilitaire s'accorde mieux avec les conditions de la formation historique du droit. Mais sa prétention à l'unité la rend équivoque ou incomplète. Elle déduit, telle qu'elle est généralement présentée, sous des formes diverses, tous les actes individuels et sociaux d'un principe unique d'action qui ne répond pas à la réalité des choses.

Elle confond, en outre, dans une unité factice, les phénomènes d'ordre matériel et les phénomènes d'ordre moral, qui existent à toutes les époques, à des degrés divers, en exerçant les uns sur les autres une action réciproque, et qui doivent être distingués. Les expériences d'utilité dont on tire tout le droit, ne se sont jamais faites, à quelque moment qu'on se place, sous la seule action d'un milieu externe et des conditions matérielles de la vie. Elles ont toujours été influencées par l'action concomitante d'un état mental quelconque des sociétés, si primitives qu'on les fasse, au milieu desquelles elle s'est développée. Elles ont donc été, dans tous les temps, le produit de ces deux facteurs différents ; et c'est une pure illusion que de vouloir résoudre ces facteurs l'un dans l'autre, à raison de leur prétendue origine, alors qu'on est obligé de reconnaître leur constante dualité, si loin qu'on remonte dans le passé.

Le droit ne peut-être le simple produit d'un principe unique, si large qu'on le fasse. Il est, sous le point de vue qui lui est propre, l'expression d'une réalité puissante, qui n'est autre que la vie ; et les facteurs de sa formation et de son développement sont ceux-là mêmes qui déterminent l'évolution de la vie sociale tout entière. Il est conditionné par tout le milieu physique et social dans lequel il se produit qui, en même temps qu'il lui impose, par les éléments fixes qu'il contient, certaines directions nécessaires, provoque, par ses modifications et ses transformations successives, son évolution progressive.

Les éléments qui composent ce milieu n'agissent pas partout, et dans tous les temps de la même manière, mais ils sont toujours, à des degrés divers, en action et réaction constante, les uns à l'égard des autres. Le milieu physique, dont l'action primordiale a été très importante pour la différenciation des droits des divers peuples, à leur origine, a perdu une grande partie de sa valeur avec le temps, et laissé une influence prépondérante au milieu social, qui résulte, à chaque époque, de toute l'activité antérieure du peuple, et qui est représenté par ses mœurs, ses coutumes, ses institutions de toute nature, en un mot, par tout son état, politique, économique, intellectuel et moral.

C'est l'ensemble de tous ces éléments, unis entre eux par une étroite solidarité, qui opère dans l'évolution, avec une prépondérance plus ou moins grande des uns sur les autres, selon les temps et les lieux, en conformité avec le but du droit et son caractère propre.

I

LE BUT SPÉCIFIQUE DU DROIT

La fonction propre du droit est de régler les rapports des hommes entre eux, par des règles de conduite juridiquement obligatoires.

Ces rapports sont de deux sortes : des rapports de coexistence; des rapports de coopération.

Le droit a pour but, non pas seulement comme le veut la maxime la plus accréditée du droit naturel, d'assurer la simple coexistence des hommes vivant en société, mais d'assurer tout ensemble, leur coexistence, et leur coopération.

La coopération est, en effet, la condition essentielle et caractéristique de toute société, si imparfaite qu'elle soit. L'organisme social ne peut subsister sans elle; il faut qu'elle s'opère, de gré ou de force. Les membres d'une communauté humaine ne sont pas des unités indépendantes, mécaniquement assemblées; ils sont associés et coopérateurs par tout l'ensemble de leurs activités individuelles et collectives. La manifestation de leurs activités individuelles isolées constitue elle-même le plus souvent, une coopération réelle, quoique non délibérée et indirecte, par l'action inévitable qu'elles exercent les unes sur les autres, et toutes ensemble, sur la communauté tout entière.

Le droit a donc à déterminer, à la fois, des rapports de coexistence et des rapports de coopération. Les rapports de coexistence protègent et garantissent les intérêts individuels ; les rapports de coopération protègent et garantissent les intérêts collectifs, la coopération sociale.

Mais les intérêts, dont le droit assure ainsi le jeu normal et régulier, sont très variés et très complexes. Ils sont, non seulement matériels et moraux, mais presque toujours mixtes, et compliqués d'éléments empruntés à l'ordre moral aussi bien qu'à l'ordre matériel.

Les intérêts, quels qu'ils soient, sont en effet, déterminés, à chaque époque, à la fois par les conditions externes de la vie sociale, et aussi et dans une large mesure, par la conception idéale qu'une communauté se fait de la vie; et cette conception a sa source dans la constitution mentale de cette communauté. Elle réside dans les sentiments collectifs et les croyances communes qui constituent son état intellectuel et moral.

Ce sont ces sentiments et ces croyances qui créent les intérêts moraux et font subir des transformations, parfois surprenantes, aux intérêts matériels eux-mêmes. Ils forment un élément idéal du droit de la plus haute importance, qu'il s'agit pour nous de définir et de ramener ici à ses justes limites.

II

LA CONSCIENCE SOCIALE

L'esprit, le caractère national, la conscience juridique du peuple, de l'École historique, est ce que nous appelons encore aujourd'hui de divers noms; tels que l'esprit public ou du peuple [1] ou l'esprit social [2] ou l'esprit du temps et les idées régnantes [3] ou la volonté commune, générale ou sociale [4], ou par une appellation plus compréhensive et plus large, la cons-

1. Schœffle. *Bau and Leben des socialen Korpers.* Tubinge. 1881. Der Volksgeist, t. 1, p. 415 et s.

2. Giddings. *Principes du socialisme trad.* par Combes de Lestrade, Paris, 1897. L'esprit social, p. 185 et s.

3. Ratzenhofer. *Soziologie.* Leipzig, 1909. Die herrschenden Ideen, p. 78 et s.

4. Wundt. *Ethik,* 3 éd. 1903. Individualwille, u. Gesamtwille t. 2, p. 52; et s. — Ratzenhofer. *Sociologische Erkenntniss.* Leipzig 1898. Der Socialwille, p. 285 et s.

cience sociale, publique, commune ou collective[1] qui embrasse tous les états de conscience, croyances, sentiments, désirs et vouloirs internes, communs aux membres d'une société.

Nous parlons souvent, dans la langue courante, de l'esprit général d'une nation, de la conscience publique, et même, dans certaines circonstances, de la conscience des peuples civilisés; et nous nous entendons et nous faisons entendre des autres, lorsque nous parlons ainsi. On constate que la conscience publique s'exprime de telle ou telle manière, ou on affirme, au contraire, qu'elle a telle ou telle autre manière de sentir; on ne nie pas qu'elle existe. Mais si la langue vulgaire a l'intuition de la réalité, et si ses dénominations ont une valeur propre qu'il n'est pas permis de négliger, le sens vrai de ces appellations demande à être éclairé par une exacte analyse des manifestations qu'elles recouvrent.

L'École historique n'a pas défini ce qu'elle entendait par l'esprit national, la conscience

1. Durkheim. *Règles de la méthode sociologique*, 5e éd. F. Alcan 1900, p. 127. — Lester F. Ward. *Sociologie pure*, trad. par Weil. Paris, 1096, t. I, p. 105. — Lévy Brühl. *La Morale et la science des mœurs*, Paris, 1903; et E. Faguet. *La démission de la Morale*, Paris, 1910. (Conformité des morales théoriques et de la conscience commune : L. B. p. 35 et s.; et E. F. p. 248 et s.)

juridique du peuple, et elle ne s'est pas fait, de cette notion, une idée assez nette. On lui a reproché, non sans raison, le caractère mystique dont elle revêt cette conception, en faisant de l'esprit national une espèce de puissance mystérieuse et occulte qui crée, à elle seule, tout le droit, par une sorte de génération spontanée, échappant à toute prévision et à toute règle.

La conscience collective ou commune qui résume toute une catégorie importante des phénomènes internes de la vie sociale, n'est pas une simple abstraction. Elle tombe sous l'observation, et le contrôle de la raison. C'est, pour chaque époque, comme les conditions positives de la vie, une donnée expérimentale que l'étude des institutions, des mœurs, de toute la culture d'un peuple permet d'apprécier et de définir. La critique historique moderne fait, avec assez de succès pour le passé, la recherche de l'état progressif, intellectuel et moral, des sociétés, qu'elle considère, à bon droit, comme un des éléments essentiels de l'histoire de la civilisation générale, et de la civilisation particulière de différents peuples. L'état actuel de la société, est un fait aussi, très complexe, il est vrai, mais qui n'en peut pas moins être déterminé, avec une précision suffisante, par les mêmes procédés d'investigation, étendus au présent.

Reprise et remise en honneur de nos jours, par un certain nombre d'auteurs, économistes, sociologues, historiens du droit, cette idée a été mieux précisée. Elle repose chez tous sur une réalité vraie. Mais les définitions qu'on en donne tendent souvent à exprimer plus que cette réalité, et la dénaturent.

Il importe, lorsqu'on parle d'une conscience commune, d'éviter les exagérations de ceux qui, assimilant la société à un organisme vivant, s'appliquent, à l'aide de cette fiction, à assigner partout au corps social des organes et des fonctions analogues à ceux du corps humain. Il faut se garder d'opposer, à l'individu et à la conscience individuelle, un grand être social psychologique, doué, à la manière de l'individu, d'une conscience, que l'on distingue seulement de la première, en l'appelant collective.

La conscience collective n'est, au fond et dans sa réalité, qu'un nom que nous assignons à un ensemble de forces idéales qui, représentées dans les consciences individuelles, en ce qu'elles ont de commun, agissent au sein des sociétés, pour l'évolution de la vie sociale.

Elle n'est pas personnifiée dans un grand

être collectif, avec un organe propre qui la spécifie. Les idées, les sentiments, les vouloirs communs qui la constituent sont répandus dans tout le corps social; mais pour être ainsi diffus dans la société tout entière, ils n'en ont pas moins des origines et une réalité propres. Ils sont, dans le cours des temps, la création lente et progressive des consciences individuelles; mais, après s'y être réfléchis, ils s'en détachent pour leur survivre et s'imposent aux générations nouvelles. Communiqués aux individus, par la tradition, par la transmission héréditaire ou imitative, par l'enseignement, par toute la culture, intellectuelle et morale, et par la pratique de la vie sociale, ils sont, à leur tour, modifiés par eux, dans le temps même où ils les recueillent, et reçoivent des apports nouveaux. Ils forment ainsi, dans leur ensemble, pour chaque génération, un système de forces, traditionnelles ou nouvelles, qui constituent un des facteurs les plus puissants de l'évolution sociale; et le nom que nous leur assignons est celui qui répond le mieux à l'origine, à la nature et à la variété des phénomènes psychiques qu'ils expriment.

C'est le nom le mieux approprié qui puisse être donné à ces forces, parce que, nées des consciences individuelles, dans le passé, elles s'y réintègrent dans le présent, vivent et agissent en elles et par elles, en se combinant avec les éléments nouveaux qu'elles y trouvent, et forment ainsi un produit social vivant, dont l'action sur la société est analogue, par sa nature et ses effets, à celle qu'exerce sur l'individu la conscience individuelle.

Ces forces, qui se laissent aisément reconnaître dans les mœurs, les coutumes, les institutions existantes, trouvent souvent aussi une expression directe dans les productions de la science, de la littérature, des arts, et dans les manifestations multiples de la vie publique.

Les croyances, les sentiments, les volitions internes, dont elles sont faites, sont, par définition, ceux qui sont communs aux membres d'une même société humaine; mais il n'est pas nécessaire, pour qu'ils aient caractère, qu'ils soient sentis ou perçus par tous. La conscience sociale serait singulièrement pauvre et nue, si elle ne comprenait que les sentiments et les croyances perçus par tous les membres de la communauté. C'est dans les élites que s'élaborent les idées qui font la vie intellectuelle et morale des sociétés. Ces idées se répandent ensuite, selon leur nature, plus ou moins profondément, dans la masse; mais toutes ne la pénètrent pas. La conscience commune, qui inspire et dirige la vie sociale, est cependant faite de tout le faisceau de ces forces. Elle comprend non seulement les sentiments et les croyances, sentis ou perçus par tous, mais encore ceux qui, vivant dans les élites, ne peuvent recevoir de la masse qu'un assentiment tacite. La masse ne pense, ni ne sent rien, sur les objets les plus élevés de la spéculation et de la recherche scientifiques. La conscience collective ne s'enrichit pas moins des produits de la haute culture, qui l'éclairent, l'élèvent, parfois la transforment, et lui procurent ses acquisitions les plus précieuses et les plus durables.

Les éléments idéaux, qui constituent la conscience sociale, développent souvent une force supérieure à celle des impulsions des consciences individuelles dont ils sont issus, et ont des effets différents. On connaît les effets des sentiments collectifs dans les foules, dans les assemblées, dans une réunion quelconque d'hommes, et la contagion des mouvements impulsifs qui s'y développent, souvent avec une si grande violence. Une contagion pareille, et plus durable, des sentiments et des idées existe dans toutes les communautés humaines, petites ou grandes; et elle a pour effet, non seulement de les répandre sur un plus grand nombre de têtes, mais encore de leur communiquer une plus grande autorité, une plus grande force.

La conscience commune exprime donc, dans l'évolution de la vie sociale, une partie de la réalité. Mais il ne faut pas exagérer son rôle, et faire reposer sur elle l'évolution tout entière. C'est ce que l'École historique a fait, dans l'application de cette notion au domaine du droit, en érigeant la conscience en unique agent de la formation de tout l'ordre juridique. C'est même là, à nos yeux, le vice principal de toute la théorie.

La conscience commune de l'École historique, c'est la conscience restreinte aux phénomènes de l'ordre juridique, mais qui, en principe, les embrasse tous, qui crée tout le droit. C'est d'elle que sortent toutes les dispositions si multiples, si complexes, de l'ordre juridique. Savigny n'en excepte que certaines prescriptions secondaires ou d'un caractère indéterminé tel qu'elles appellent une réglementation quelconque, et en quelque sorte arbitraire. Si, dit-il, les principes fondamentaux du droit positif, qui vivent dans la croyance du peuple, ne peuvent jamais être méconnus, la réalité des principes secondaires est moins évidente. Pour en avoir une conscience distincte, le peuple lui-même a besoin de les voir souvent appliqués. En outre, certaines parties du droit positif oflrent un caractère d'indétermination qui demande à être fixé par une règle quelconque : telles sont, par exemple, les règles sur les prescriptions, les délais, la forme extérieure des actes.

La conscience juridique ainsi entendue, est, sauf ces restrictions, la source unique de tout l'ensemble du droit. C'est l'esprit national appliqué à toutes les manifestations quelconques de l'ordre juridique, quelle que soit leur nature, qu'il s'agisse d'utilité ou de conformité au but, ou d'idées morales et de justice.

La critique qui a été faite de l'École historique sur ce point, est décisive.

La théorie de l'École, prise dans cette généralité, n'est vraie que pour les temps primitifs. L'esprit national ne peut engendrer, par sa seule force, tout le droit, que dans les sociétés naissantes où la simplicité et l'uniformité des conditions de la vie et de la culture impriment, chez tous les membres de la communauté, les mêmes manières de penser et de sentir, et leur font embrasser et concevoir, dans des vues uniformes, tout l'ensemble de la vie morale et juridique.

Cette homogénéité, cette conception commune totale de la vie, s'affaiblissent avec la multiplicité et la complexité croissante des rapports sociaux, et dans la mesure où se différencient les individus et les conditions de l'existence en commun. La conscience collective est alors, à la fois, moins homogène et moins propre à embrasser tous les rapports de la vie, et surtout les rapports si variés de l'ordre juridique. L'action du législateur devient nécessaire et prépondérante. Ses calculs, ses combinaisons rationnelles des conditions positives de la vie, sont l'instrument indispensable du développement du droit. Le champ de la finalité consciente et réfléchie, de la conformité au but, s'agrandit.

La conscience commune, dans ce nouvel état, se traduit, pour la plus grande part, moins en des conceptions positives de l'ordre juridique, devenu trop complexe et trop vaste, que dans des croyances, des sentiments, des directions de volonté, des tendances générales. Elle ne se manifeste plus, comme dans la période coutumière, sous la forme de représentations concrètes de la volonté sociale, susceptibles de créer directement tout le droit. Elle n'en est pas moins pour le législateur, dans l'élaboration de son œuvre, une donnée de la plus haute importance, et qu'il ne doit jamais perdre de vue, en ce que les prescriptions qu'il édicte ne peuvent obtenir l'asséntiment moral qui leur est nécessaire, pour leur efficacité et leur durée, qu'autant qu'elles sont en accord avec les exigences de cette conscience commune.

Ce domaine de la conscience collective, ainsi délimité, est encore très étendu; il embrasse, en première ligne, tout l'ensemble des sentiments et des croyances que nous comprenons sous la notion de justice.

III

L'IDÉE DE JUSTICE

La justice n'est pas une idée simple. Elle répond, au contraire, à des sentiments très variés et très complexes, qui ne peuvent être ramenés à l'unité, ni compris dans une définition qui les épuise tous, dans le cadre d'une unique formule. C'est une entreprise vaine, quoique toujours renouvelée, depuis l'antiquité jusqu'à nos jours, que celle qui s'efforce de trouver un principe abstrait d'où l'on puisse faire sortir rationnellement toutes les conceptions morales sous lesquelles se présente, dans des formes si diverses, cette notion commune de justice.

Ni l'idée mathématique de l'égalité, ni celle de la proportionnalité, de l'équivalence de la réciprocité, ni l'idée de l'harmonie et de la beauté, ni celle de l'identité et de l'accord de la pensée avec elle-même, ni même l'idée plus large de la solidarité, qui toutes entrent, pour quelque part, dans cette notion, loin d'en être la source unique, ne suffisent pour épuiser son contenu, si riche et si divers, ni ne répondent à la variété, à la chaleur et à la force des sentiments que son évocation éveille dans l'esprit des hommes. Liées à nos conceptions éthiques, politiques, philosophiques, religieuses, les idées de justice ne sont susceptibles, ni d'une définition, ni même d'une énumération exacte[1].

1. La notion de la solidarité est, parmi les idées de justice, la plus compréhensive la plus large C'est, dit M. Bourgeois (*Solidarité*, p. 13 et 155), une manière générale de penser, dont on trouve les traces un peu partout, mais qui apparaît, lorsqu'on en pénètre la substance, comme l'achèvement des théories politiques et sociales dont la Révolution a donné au monde, sous les termes abstraits de liberté, d'égalité et de fraternité, la première formule. — Cette idée féconde de la solidarité a été érigée en système, ou développée dans diverses directions, par un grand nombre d'auteurs modernes, économistes, sociologues, naturalistes. J. Izoulet. *La Cité Moderne*. — Gide. *Principes d'éco-*

Ce sont, pour le législatenr et le juriste qui cherchent la loi de la formation du droit et les conditions de sa légitimité, de son efficacité et de sa durée, des données de la conscience sociale. C'est de là qu'elles tirent, à leurs yeux, leur autorité et leur force, quelle que soit d'ailleurs, au regard de la spéculation philosophique, leur source première.

Les utilitaires soutiennent que ces idées peuvent être toutes ramenées à la catégorie de l'utile, qu'elles ne sont, au fond, que des expériences d'utilité sur des règles particulièrement importantes de la vie sociale, vérifiées pendant une longue suite de temps, et ayant acquis un degré de certitude qui les met hors de toute contestation.

Il n'est pas douteux, et personne ne conteste, que l'utilité, les intérêts matériels de la

nomie politique (Le Solidarisme, p. 39 de la 6e éd.).— *Quatre Écoles d'économie sociale.* Genève, 1890 (La nouvelle école, p. 98, et s.). — *Revue internationale de Sociologie*, oct. 1893. — Marion. *De la solidarité morale.* — Durkheim. *La division du travail social.* — Metchnikoff. *La Civilisation des grands fleuves historiques.* — Funck Brentano. *L'homme et sa destinée.* — Fouillée. *La Science sociale contemporaine.* — Secrétan. *Le principe de la morale*, Lausanne, 1893. — Tarde. L'*Opposition universelle*. Paris, F. Alcan. — Léon Bourgeois et A. Croiset. *Essai d'une philosophie de la Solidarité.* Conférences et discussions. F. Alcan, 1902. — *Les applications de la Solidarité.* Leçons professées à l'Ecole des Hautes Études sociales, F. Alcan. 1904.

communauté, bien ou mal compris, n'aient eu une part et joué un rôle dans la conception que chaque époque s'est faite de la notion de justice et de son évolution à travers les âges. Mais la part contributive des idées, des sentiments, des croyances, n'a pas été moindre. Stuart Mill reconnaît que les idées de justice, prises par opposition avec celles de la simple utilité, revêtent dans notre esprit un autre caractère; qu'elles nous apparaissent, non comme des créations ordinaires de l'utilité, mais comme certaines catégories de l'utile plus absolues, plus impératives que les autres; qu'elles se présentent à nous, comme des sentiments différents en degré et en espèce; qu'elles doivent être distinguées enfin du sentiment moyen qui s'attache à l'idée simple du plaisir et de l'utile, par la nature plus définie de leurs commandements, et par le caractère plus sévère de leurs sanctions [1].

Ces restrictions suffiraient pour justifier, dans le domaine pratique du droit, la distinction que nous établissons nous-mêmes ici entre la catégorie de l'utile et celle du juste, alors même qu'on pourrait ramener les unes et les autres, avec Mill, à une base commune, par

1. Stuart Mill. *L'Utilitarisme*, p. 133-134. Paris, F. Alcan.

leur conformité avec les intérêts généraux de la collectivité. Ce qui nous sépare de l'utilitarisme courant et de Mill, comme d'Jhering, c'est moins cette base objective qu'ils donnent aux idées morales et de justice, par leur coïncidence avec l'intérêt général, que la nature et la genèse des sentiments et des idées d'où ils les dérivent. Bien que Mill ait établi cette genèse sur une base beaucoup plus large que Bentham, sa théorie est encore trop exclusivement intellectualiste, et doit, selon nous, être complétée, par les données de l'école évolutionniste. Le principe, trop optimiste, de l'identification naturelle des intérêts, toujours imparfaite, ou celui de leur identification artificielle, ne suffisent pas pour fonder, à eux seuls, l'obligation morale qui doit faire prédominer, dans la conscience individuelle, l'intérêt général sur l'intérêt personnel. Ce passage, dans la conscience de l'individu, de l'intérêt personnel à l'intérêt général, du bien propre au bien commun, ne peut-être expliqué, dans sa genèse, que par l'existence, chez l'homme, d'instincts sociaux, de sentiments altruistes primordiaux, portés à leur plus grand développement par l'éducation, l'hérédité, et la pénétration, sous la pression sociale, des consciences individuelles par la conscience collective.

Le signe principal auquel on peut reconnaître les idées de justice réside précisément dans ce caractère d'obligation morale qui fait qu'elles sont, en même temps que des vérités intellectuelles, de véritables états de conscience, et qu'elles entraînent un devoir d'observance plus étroit, une obligation qui est ou paraît être, de nécessité, et non pas seulement d'utilité pure, de conformité au but, de simple convenance.

Le droit, presque tout entier, était réputé au début des sociétés, avoir une source divine. Les idées de justice, ont, les dernières, perdu cette origine pour devenir des sortes d'entités méthaphysiques, qui paraissent à beaucoup avoir fait leur temps. Mais la pensée moderne, en les dépouillant de ce simple attribut, fait encore, de ces idées, une catégorie à part, parmi celles qui servent à régler et garantir la vie sociale. Et c'est avec raison.

Un état de civilisation parvenu à une plus haute positivité dépouillera-t-il ces idées du caractère absolu, au moins apparent, qu'elles présentent, et de l'élément émotionnel qui les affecte à un si haut degré? Nous ne le pensons pas. Car l'élément inconditionnel et absolu apparent de ces idées, et la réaction émotionnelle que la seule pensée de leur violation provoque, reposent principalement sur l'urgence et l'intangibilité des intérêts puissants auxquels elles correspondent, et constituent les motifs les plus importants de leur force morale et de leur efficacité sociale.

Aucune société ne peut reposer sur des règles de conduite qui seraient toutes provisoires, et reconnues pour telles, et à chaque instants revisables. Il faut, pour que sa stabilité soit assurée, à chaque époque, un certain nombre d'idées, de principes fixes qui règlent et inspirent la vie commune. Et ce n'est pas une simple illusion ; car si ces principes ne contiennent pas toute la vérité sociale, et laissent à l'investigation scientifique son libre cours pour la développer et l'amener à sa pleine et entière réalisation, ils en sont au moins une partie essentielle, et marquent, pour la plupart, un degré vrai de l'évolution, une étape dans la recherche et la manifestation progressives de cette vérité.

La conscience commune, qui s'appauvrit dans un grand nombre de directions de l'activité humaine, à mesure qu'on s'éloigne des origines, s'agrandit précisément du côté des notions morales et de justice qui sont étroitement liées entre elles. Elle est encore, il est vrai, moins homogène, même sous ce rapport, que celle des peuples primitifs; mais les divergences, si profondes qu'elles soient ou qu'elles paraissent sur certains points, laissent encore subsister un riche fonds commun. C'est ce qu'on voit clairement si l'on compare : d'une part, la pauvreté de l'idée de justice dans les temps primitifs, réduite à la réparation des torts les plus grossiers, des agressions les plus violentes, renfermée dans les groupes les plus étroits de la famille ou de petites communautés, et déniant rigoureusement toute protection à l'étranger; et d'autre part, cette même idée chez les peuples civilisés, condamnant les plus minimes offenses, les atteintes les plus légères à la personne de l'individu et à ses biens, sortant des cercles de la famille et des groupements primitifs, pour s'étendre à des communautés humaines de plus en plus larges, revêtant enfin, dans sa plus haute expression, un caractère assez vaste de généralité pour embrasser l'humanité tout entière.

IV

L'ÉVOLUTION

Le progrès des idées morales et de justice, comme celui des conditions positives de la vie, est le produit de l'évolution. Les sentiments collectifs et les croyances communes, que nous considérons lorsque nous parlons de la conscience sociale, ne sont pas les mouvements fortuits, désordonnés, tumultueux, de l'opinion populaire. Ce ne sont même pas les modalités précaires de la pensée collective, amenées par des circonstances accidentelles, ou même par des états sociaux régressifs de quelque durée. Les sentiments et les idées que nous nous sommes efforcés de définir, et dont il s'agit de préciser encore la genèse, sont ceux que le cours normal de l'évolution a développés et mis au jour. Ce sont les idées qui se sont fixées, par cette voie, dans la conscience sociale, qui s'imposent au législateur, et qu'il doit prendre en considération, pour faire œuvre légitime et durable.

L'évolution du droit est la pensée capitale des fondateurs de l'École historique; toutes les autres ne sont qu'accessoires par rapport à celle-là. C'est cette idée qui distingue profondément sa conception du droit, de toutes les théories du droit naturel, et qui ne permet pas de les confondre avec elle.

Ce principe de l'évolution est admis aujourd'hui par la presque universalité des historiens du droit. Il a été reconnu, après Savigny ou dans le même temps, par les plus marquants de ses contemporains, et lui a été, sans doute, inspiré à lui-même, pour une bonne part, par quelques-uns des plus illustres penseurs du siècle dernier. Il n'y a pas, comme le remarque Merkel, de différence essentielle, sous ce rapport, entre ses vues et celles de Hugo, d'Eichhorn, de Grimm, et même de Moser, de Montesquieu et de Burke[1].

Savigny n'en peut pas moins être considéré comme un précurseur, par la manière dont il a dégagé et formulé le principe, dans le domaine du droit, en opposant nettement l'évolution nécessaire des règles et institutions juridiques à la prétendue immutabilité du droit de la nature et de la raison. Mais les tendances personnelles de Savigny ne lui ont pas permis de tirer, du principe qu'il avait posé, toutes les conséquences, ni même d'en avoir une pleine conscience.

1. Merkel (dans *Grünhuts Zeitschrift*, t. IV, p. 3, v. *supra* note 11) ajoute à ces noms, celui d'Hegel. — Sans contester l'influence qu'Hegel a exercée sur le développement de l'Ecole historique, en facilitant à la philosophie même l'accès aux nouvelles doctrines de l'évolution, M. de Greef remarque, avec raison, que cette école présentait l'idée évolutionniste d'une manière beaucoup plus simple et plus vraie, en ne la soumettant pas aux tortures et aux amputations de la métaphysique et de la dialectique hégéliennes (de Greef. *Le transformisme social*, p. 199. Paris, F. Alcan).

L'évolution a deux faces : la continuité et la solidarité des états sociaux successifs ; c'est la face de la conservation ; le développement ultérieur et progressif de ces mêmes états ; c'est la face du progrès. Les dispositions ultra-conservatrices des fondateurs de l'École leur ont fait fermer les yeux à la seconde.

Ce vice de leurs vues, cette conception unilatérale du principe, ne leur sont pas demeurés propres. Ils se manifestent encore aujourd'hui, en sens contraire, dans les théories des réformateurs absolus de notre temps, qui ne considèrent que le développement progressif des institutions, en négligeant les éléments de la continuité et de la solidarité avec les états antérieurs, qui sont cependant une condition indispensable de la marche progressive, dans le domaine pratique. Ce vice est aggravé, chez un grand nombre de ces écrivains, et en particulier dans les écoles socialistes, par l'association à l'idée de l'évolution, de théories purement rationnelles et indépendantes de l'expérience et qui sont incompatibles avec elle. Une étude des institutions sociales, fondée sur l'évolution n'est complète et vraie que si elle embrasse, dans une large synthèse, les deux faces du problème.

L'histoire des institutions et des idées est

celle de leurs transformations successives. Elle considère le présent, comme n'étant, ainsi que le passé, qu'un degré de l'évolution, et comme contenant, à ce titre, le germe des mutations futures. Elle distingue les causes permanentes qui ont agi dans le passé et qui se manifestent encore dans le présent, des causes purement accidentelles, les forces frappées de caducité et de mort, de celles qui sont vivantes, et génératrices d'effets nouveaux.

Ce sont ces forces vivantes qu'il s'agit surtout de reconnaître. Le problème est difficile et tous les matériaux n'en sont pas encore prêts. L'histoire du droit, sa dogmatique, l'ethnographie, et toutes les sciences sociales, doivent y apporter leur contribution. Des travaux intéressants, dans cette voie, ont été déjà tentés dans le domaine du droit.

L'évolution n'est peut-être marquée nulle part, plus nettement. Elle est manifeste dans le droit pénal, depuis les temps primitifs jusqu'à nos jours. Elle est très remarquable, dans cette direction, en ce que toutes les recherches historiques ont concouru à démontrer la régularité de sa marche et son universalité, en en faisant retrouver les premiers germes, chez des peuples qui ne nous étaient connus d'abord que dans des états de civilisation plus avancés et chez lesquels on ne les soupçonnait même pas. L'évolution, dans cette branche de l'activité juridique, est si bien établie qu'on peut dire qu'elle est devenue une sorte de lieu commun de l'histoire du droit.

La direction de l'évolution n'est pas moins évidente que le phénomène lui-même. Elle s'est faite dans le sens de la substitution de l'action régularisatrice de l'autorité publique à la force privée et à l'action individuelle; d'une extension de la justice pénale, dans l'ensemble de ses incriminations, concordant avec le développement et la complexité croissante des rapports sociaux; et en même temps, d'un abaissement graduel des peines, concourant avec l'adoucissement des mœurs et l'administration d'une plus exacte police. Il serait facile de trouver une marche aussi uniforme et générale des institutions juridiques, dans des directions moins connues, et notamment, encore, au criminel, dans la procédure de preuve.

L'évolution n'est pas moins manifeste, sur un grand nombre d'objets importants de la législation civile, politique et religieuse.

Cette évolution est due, partout où elle se produit, au changement graduel des conditions de la vie, et aux états successifs de la conscience sociale. C'est ce qu'on voit clairement, lorsqu'on considère, dans l'ordre politique et religieux, les modifications apportées, dans le cours des temps, aux rapports entre l'État ancien et moderne, et l'Église, qui ont été si profondément changés, quoique non parvenus encore, dans tous les pays civilisés, au dernier stade de leur évolution. Ces modifications ne sont pas dues uniquement aux changements dans les conditions de la vie, qui les ont seulement rendues possibles. Elles ont leurs racines plus profondes dans le progrès des lumières et l'avancement des sciences, et l'autonomie de la conscience sociale qui en a été la conséquence.

Les principes primordiaux de notre droit moderne dans l'ordre civil et politique, la liberté individuelle, la liberté politique et civile, l'égalité devant la loi, la libre défense des accusés la détermination légale des peines, et d'autres encore qui ne sont pas plus contestés, dérivent des mêmes sources; et il serait assurément difficile aux esprits les plus prévenus, de nier, par exemple, l'influence qu'a eue la philosophie du XVIIIe siècle sur leur triomphe final dans notre législation.

Bentham a pu combattre, au nom de l'utilité, la Déclaration des droits de l'homme, et le caractère absolu qu'ont revêtu les idées qu'elle consacre dans l'esprit des hommes qui les ont proclamées. Mais si ces hommes se sont trompés sur l'origine de ces idées, si elles ne sont pas, comme ils l'ont pensé, des émanations d'un droit naturel primordial, perdu par la corruption de l'état de nature, et retrouvé, comme par miracle, dans des temps plus heureux, par les seules forces de la réflexion et de la raison, si elles ne sont que le produit de l'évolution dans un temps donné, elles ne sont pas cependant, comme Bentham paraît le croire, des manifestations précaires des temps, et des circonstances politiques qui les ont vues naître. Si l'on peut critiquer leurs trop grandes généralisations, elles n'en visaient pas moins des buts concrets, déjà réalisés, en partie, dans les institutions nouvelles. Loin d'être des créations arbitraires et éphémères, elles ont été et demeurent, aussi longtemps que le progrès marche de pair avec l'évolution, des acquisitions définitives de la conscience publique, des vérités sociales.

L'évolution ne nous donne, il est vrai, à chaque époque, que des vérités relatives. Mais il en est de même de toutes les sciences, qui ne marchent que par degrés vers la vérité absolue, sans qu'elles puissent jamais être assurées de l'atteindre dans toute sa plénitude.

Chaque degré vrai de l'évolution est un progrès et un gain, par rapport à celui qui le précède, de même qu'il est la condition nécessaire de celui qui le suit. C'est en ce sens qu'il constitue, pour l'époque où il se produit, ce que nous appelons une vérité.

Mais quels sont les degrés vrais de l'évolution? Tous les phénomènes sociaux n'en sont pas des produits normaux. Il n'y a pas seulement, dans l'évolution, des temps d'arrêt nécessaires, ou même des retours légitimes, lorsque sa marche a été artificiellement accélérée par l'action arbitraire du législateur, contrairement aux conditions positives de la vie et aux indications de la conscience sociale. Il y a encore des mouvements inverses, des régressions, des retours vers le passé, suscités par les intérêts rivaux coalisés pour lui faire obstacle. On se demande dès lors à quel signe on distinguera les produits normaux de l'évolution, des phénomènes contraires qui peuvent entraver sa marche.

La solution de cette question peut offrir de grandes difficultés, dans l'application, et donner lieu à de profondes divergences entre les hommes engagés dans les luttes politiques de chaque époque, qui n'ont pas toujours la liberté d'esprit, ni l'indépendance philosophique nécessaires pour juger impartialement les événements qui se déroulent sous leurs yeux. Elle trouve sa règle la plus sûre, en dehors des conditions contingentes du présent, dans la concordance de l'évolution vraie, dans chacune de ses manifestations particulières, avec le mouvement général de la civilisation.

C'est là le critérium qui permet le mieux de distinguer les manifestations régulières de l'évolution, des phénomènes anormaux qui la troublent, les forces productrices d'effets nouveaux dans l'avenir, des forces mortes qui constituent des régressions vers le passé ou de simples survivances.

Si l'on considère, en particulier, les idées de justice, les directions selon lesquelles s'est faite leur évolution, dans le monde moderne, sont manifestes dans leurs lignes principales. Ces lignes, qui concordent visiblement avec tout le progrès de la civilisation, se sont développées dans des directions qui sont, à ne prendre que les plus générales, pour l'observateur attentif et désintéressé : la plus grande liberté civile et politique ; l'égalité morale absolue ; une égalité matérielle plus grande, quoique toujours contenue dans les limites imposées par la liberté, la vie familiale et les conditions économiques de la production et de la conservation des richesses, fondements indestructibles de la propriété individuelle.

Tous ces traits généraux de l'évolution progressive de l'idée de justice et du droit ont été déterminés, au sein de chaque communauté, par le développement graduel et la prépondérance croissante des sentiments de solidarité, d'aide et d'assistance mutuelles, résultant de la coopération de ses membres dans la poursuite des buts sociaux, et de la substitution, dans cette coopération, des formes de la liberté à celles de la contrainte.

CHAPITRE II

L'ÉVOLUTION ET LE PROGRÈS

I

LA LUTTE POUR LA VIE
LA SURVIE DES PLUS APTES ET LA LOI D'ÉGALE LIBERTÉ

Notre siècle, épris de la connaissance scientifique, et pénétré de la coordination et de la dépendance mutuelle des sciences entre elles, s'est efforcé de rattacher la théorie du progrès dans les sociétés humaines, à celle du progrès dans les sciences de la vie. Une opinion très répandue, depuis un certain nombre d'années, parmi ceux qui se piquent d'apporter le plus de cette certitude et de cette rigueur dans les études sociales, proclame comme la cause déterminante du progrès des sociétés, la lutte pour la vie, qui a été signalée, et surtout mise en lumière, avec tant de puissance, par Darwin, comme la cause et le véhicule du progrès dans le monde des plantes et des animaux, avec la sélection naturelle et la survivance des plus aptes, qui en sont, dans ce domaine, la conséquence nécessaire.

Le concurrence vitale, dans cette théorie, n'est pas seulement l'un des modes d'adaptation des hommes entre eux et avec le milieu; c'est le mode rationnel et parfait selon lequel cette adaptation doit se faire. Elle n'est pas seulement l'une des causes déterminantes, dans le temps, du progrès social; elle est la cause unique et permanente de ce progrès dans tous les temps.

On célèbre cette lutte. On ne l'accepte pas seulement comme une nécessité qui nous est imposée par la nature des choses, dans une mesure variable selon les temps et les lieux, et à laquelle on pourrait être tenté de se soustraire. On en fait la loi par excellence du développement des sociétés; et on proclame qu'il faut lui laisser ou lui procurer, en toutes circonstances, son libre cours, et surtout se garder de lui apporter les plus légers obstacles. On en exalte la beauté et les bienfaits, et c'est d'elle qu'on fait sortir, par une vertu miraculeuse, l'harmonie finale et naturelle de tout le monde économique et social.

La pauvreté des incapables, a dit Spencer, dans son livre de l'*Individu contre l'État*, la détresse des imprudents, le dénûment des paresseux, et cet écrasement des faibles par les forts qui laisse un si grand nombre dans les bas-fonds et la misère, sont le résultat d'une loi éclairée, bienfaisante[1].

Cette doctrine a un nom, déjà ancien dans dans l'économie politique; c'est celle de la concurrence illimitée et sans frein, du *laisser passer* et du *laisser faire*. Appliquée à l'ensemble de la vie sociale, elle fait revivre, en la transformant, et sous une forme scientifique nouvelle, la vieille théorie de Hobbes, de la lutte de tous contre tous.

On peut citer, parmi les auteurs récents qui ont fait, sous des points de vue divers, la plus grande part à la lutte, dans l'étude de la sociologie et du droit : M. Gumplowicz dans ses ouvrages bien connus, et notamment dans sa *Lutte des races*; M. Novicow, dans les *Luttes entre sociétés humaines*; M. Vaccaro, dans les *Bases sociologiques du droit et de l'État*; M. Eleutheropoulos, dans la première livraison

1. Spencer : *L'Individu contre l'État*, p. 101, F. Alcan. (Passage reproduit de sa *Statique sociale*.)

d'un traité, auquel il donne pour titre, avec une louable franchise philosophique, *Le droit du plus fort*, avec la devise : Le droit est la volonté du plus fort[1].

C'est le principe même de la sélection et de la survie des plus aptes, combiné avec la vieille maxime de l'égale liberté, que Spencer donne comme fondement de toute sa théorie du droit.

Il a développé ses idées sur ce sujet, dans son livre de *Justice* qui, quoique publié depuis plusieurs années, paraît avoir moins attiré l'attention que ses œuvres précédentes.

La conservation de l'espèce chez l'homme comme chez les animaux, est, d'après Spencer, dans la loi de la survie des plus aptes, et dans la relation que cette loi implique entre la conduite et les résultats qui en découlent. Elle exige que tout individu puisse recueillir librement tous les avantages et les inconvénients inhérents à sa nature. C'est cette loi qui, dans toute l'étendue du règne animal, assure la prospérité et l'expansion des individus et des espèces les mieux adaptés à leurs conditions d'existence.

1. Gumplowicz. *La lutte des races*. — Novicow. *Les luttes entre les Sociétés humaines* (F. Alcan). — M. A. Vaccaro. *Les bases sociologiques du droit et de l'État*. — A. Eleutheropoulos. *Das Recht des Stärkeren. Die Rechtlichkeit*. Zurich C. Schmidt, 1897.

Elle s'applique aux êtres solitaires, sans aucune autre limite que celle qui résulte de la subordination et de l'assistance qu'entraînent nécessairement la faiblesse du jeune âge et l'éducation de la progéniture.

Elle implique une autre restriction pour les êtres vivant en commun. Elle veut que les actes par lesquels chacun recherche des avantages, ou s'efforce d'éviter des dommages, conformément à sa nature, soient restreints par la nécessité de ne pas mettre obstacle aux actes analogues de ceux qui vivent avec lui en commun. C'est la condition indispensable de l'existence et de la durée de l'association ; elle est impérative pour tous ceux qui veulent s'en procurer les bienfaits.

Ces deux lois qui s'appliquent, la première à tous les êtres quelconques, et la seconde à tous les êtres sociaux, s'affirment de plus en plus, à mesure que l'évolution s'élève, et trouvent dans la société humaine leur suprême et plus haute manifestation. Chaque homme doit, d'après la première de ces lois, recueillir librement les résultats, favorables ou défavorables, de sa nature, et de la conduite qui en découle, de manière à ne pouvoir, ni être privé des efforts avantageux de ses actions, ni se décharger sur autrui de leurs conséquences fâcheuses.

La seconde exige qu'en accomplissant ainsi les actions par lesquelles il assure et développe sa vie, en en retirant les fruits bons ou mauvais, chacun s'assujettisse aux restrictions qu'impose l'accomplissement d'actes semblables de la part des autres qui, comme lui, ont droit à recueillir les résultats de leur conduite.

Cette seconde loi, qui n'est qu'une forme spéciale de la première, dans son application à l'état de société, contient et résume toute l'idée de justice.

Cette formule de la justice, énoncée déjà par Spencer, dans sa *Statique sociale*, se résoud, en définitive, dans la reconnaissance de la liberté de chacun limitée par la liberté de tous, dans la loi d'égale liberté. C'est la loi de Kant, c'est la maxime de la coexistence du droit naturel, retrouvée par Spencer dans une autre voie. Kant l'énonce comme une exigence *a priori*, en faisant abstraction de toute fin utile. Spencer la déduit des conditions de la vie en général, et de l'existence et de la conservation de la vie sociale.

Spencer traite successivement, dans une série de chapitres, de l'intégrité et de la liberté physiques, du droit à l'usage des milieux naturels et du droit de propriété, des dons et legs et du droit héréditaire, du contrat, de la liber du travail, de la liberté des croyances et des cultes, de la liberté de la pensée, et de ses divers modes de manifestation, du droit des femmes et des enfants, et enfin de l'État et de ses rapports avec l'individu. Il s'écarte peu, dans la détermination de ces droits, des doctrines courantes sur les principales institutions juridiques. Son originalité consiste dans les inductions par lesquelles il les rattache toutes, à l'exception du droit de famille et des rapports des parents avec les enfants, à son unique principe. Ce lien est relativement facile à établir, lorsqu'il s'agit des droits de la personne. Mais où sa fragilité apparaît, c'est dans la discussion des autres droits, et notamment de la propriété et du droit héréditaire. Il faut lire les chapitres relatifs à l'usage des milieux naturels et du droit de propriété, pour voir avec quelles difficultés il parvient à les établir, et combien est timide sa conclusion que le droit de propriété, par son origine, « est suceptible de se rattacher à la loi d'égale liberté ». Et encore n'arrive-t-il à ce résultat qu'à l'aide de la fiction d'un domaine éminent qui appartiendrait à la communauté sur la totalité du sol. Mais c'est là une base bien fragile pour une telle institution.

La propriété et l'hérédité, comme toutes les

autres institutions nécéssaires, ne se ramènent pas à la seule loi de la concordance entre la conduite et les résultats, et de l'égale liberté; elles trouvent leurs indestructibles fondements dans l'ensemble des conditions économiques et morales de la vie sociale.

La conception de Spencer, des rapports de l'individu et de l'État, déjà développée par lui dans un précédent ouvrage, diffère peu, au fond, de celle à laquelle la maxime de la coexistence a conduit Humboldt. L'État n'a que des fonctions de police et de justice; il n'a d'autre mission que de garantir les citoyens contre toute agression, intérieure ou extérieure Il n'a qu'à protéger le libre exercice des activités individuelles, sans exercer aucune autre intervention que celle qui peut résulter de l'emploi des divers modes d'action nécessaires pour assurer cette protection, parce que son ingérence, étendue au delà de ces limites, détruirait la loi d'égale liberté et le rapport normal qui doit toujours exister entre la conduite et les résultats[1].

Prise en elle même, la loi d'égale liberté n'a pas d'autre valeur que la maxime de la coexistence de Kant, que nous avons discutée au début de cette étude. C'est une formule qui

1. Herbert Spencer. *Justice*. F. Alcan, 1893.

prête aux mêmes critiques; elle est, comme elle, toute formelle et vide de contenu. Elle dérive, il est vrai, chez Spencer, de la loi de la survie des plus aptes, qui la domine, et dont elle n'est qu'un corollaire. Mais il s'agit précisément de savoir si cette loi, qui régit l'animalité, s'applique à l'homme vivant en société, et dans quelle mesure.

Elle règne, sans conteste, et agit sans obstacle dans le monde animal. On peut admettre encore qu'elle a eu une action, quoique moindre, dans les populations primitives, chez les sauvages et les barbares. Mais son influence diminue et devient de moins en moins sensible avec le progrès de la civilisation, dont les œuvres sont autant d'obstacles à son plein développement.

La sélection et la lutte pour la vie sont le jeu de la force brutale ; et le but de la civilisation est précisément d'en corriger les effets. En entendant préconiser leur application aux sociétés humaines, on ne peut s'empêcher de songer à ces docteurs du vieux droit naturel, qui imaginaient un âge primitif dans lequel l'homme, à l'état de nature, avait formé une société parfaite et idéale, âge d'or, dont un funeste aveuglement aurait seul éloigné l'humanité dans les temps passés.

C'est à une illusion du même genre, quoique toute contraire et assurément beaucoup moins grossière, que nous paraissent s'abandonner Spencer, et plus encore, les récents adeptes, plus intransigeants, de la sélection et de la lutte pour la vie, lorsqu'ils s'efforcent d'appliquer à la société humaine les lois de la force brutale qui régissent l'animalité, et qu'ils considèrent le progrès, comme résultant du jeu rigoureux de ces lois, alors que l'avancement des lumières et le développement de la civilisation doivent précisément avoir pour but et pour effet de restreindre, dans la plus large mesure, le champ de leur application.

C'est ce que nous nous proposons d'établir ici, par une discussion plus approfondie du principe darwinien de la lutte pour la vie, et des conséquences excessives qu'on en a tirées, dans son application aux sociétés humaines.

II

LA LUTTE POUR LA VIE ET L'ASSOCIATION DANS LES SCIENCES NATURELLES

La science sociale, en s'emparant, dans les sciences naturelles, de l'idée de la concurrence vitale, n'a fait que reprendre à celles-ci une conception qu'elles lui avaient elles-mêmes empruntée. Darwin, avec une rare modestie, nous a appris que, bien que des études spéciales l'eussent pleinement préparé à l'élaboration de son système, la première idée de la lutte pour l'existence lui était venue de l'heureux hasard qui avait mis entre ses mains l'*Essai sur la population*, de Malthus.

Dans ses recherches sur la population, Malthus décrit en effet, sans prononcer le mot, le combat pour l'existence, qui résulte, dans la société humaine, des deux phénomènes concurrents, de l'accroissement illimité de la population, et de l'accroissement limité des subsistances. Il en montre les effets avec une grande abondance et une grande variété d'aperçus ; et il conclut que chaque individu doit se maintenir dans un état de lutte incessant, pour se conserver et assurer sa position au regard de tous les autres [1].

Adopté par un grand nombre d'économistes, en dehors même de toute adhésion aux idées spéciales de Malthus, comme le régulateur le plus parfait, en même temps que le ressort nécessaire de l'activité économique, le prin-

1. Lettre de Darwin à Haeckel, reproduite par ce dernier, dans son *Histoire naturelle de la création*, et dans O. Schmidt, *Descendance et darwinisme*, p. 113. Paris, F. Alcan.

cipe de la concurrence vitale devait prendre une nouvelle faveur, avec le rôle éminent que Darwin et ses successeurs lui assignaient dans les sciences de la vie.

Par une généralisation systématique, les successeurs de Darwin, plus que lui même, et surtout nombre de philosophes et de sociologues à leur suite, ont voulu faire de la lutte l'indice unique et exclusif du progrès, dans les sociétés humaines, comme dans le monde des plantes et des animaux.

Une généralisation aussi absolue peut paraître *a priori* excessive. Comme le remarque M. Metchnikoff, dans son livre sur *La civilisation et les grands fleuves historiques*, la sociologie est à la fois dépendante et indépendante de la biologie : dépendante, en ce qu'elle étudie les étapes supérieures d'une série progressive qui, des phénomènes chimiques, s'élève, sans solution réelle de continuité, jusqu'à ceux de la vie sociale ; indépendante, en ce qu'elle s'étend sur un domaine spécial de problèmes trop compliqués pour que leur solution scientifique soit possible, sans l'énoncé d'un principe plus synthétique et le secours d'un critérium nouveau[1]. C'est la même pensée qu'ex-

1. Metchnikoff, *op. cit.*, p. 13.

prime très bien encore M. Espinas, dans ses *Sociétés animales*, lorsqu'il dit que la biologie et la sociologie s'accompagnent, pendant quelque temps, l'une sortant de l'autre comme une branche parallèle au rameau qui doit les dépasser. La biologie offre, à l'état de faibles linéaments, les phénomènes que l'animalité d'abord, puis l'humanité, nous montrent sous une forme plus accusée. Mais la connaissance humaine veut des limites entre ses diverses provinces, quelque incertaines qu'en soient souvent les frontières.

Des distinctions nécessaires doivent être faites. Elles s'imposent, pour la question qui nous occupe, dans les deux provinces voisines, mais distinctes, de la biologie et de la sociologie. Elles ont été d'ailleurs reconnues, au moins en partie, par Darwin lui même, moins préoccupé que ses successeurs d'étendre son système au delà de ses limites naturelles.

Mais en nous restreignant même à la question préliminaire du progrès biologique, et sans vouloir empiéter sur un domaine dans lequel les juristes ne peuvent marcher que d'un pas mal assuré, nous devons signaler d'abord les restrictions que les travaux les plus ré-

1. A. Espinas. *Des Sociétés animales*, p. 219.

cénts de savants naturalistes ont apportées à la thèse absolue du progrès par la concurrence vitale. Cette thèse ne montre qu'une des faces de la vie; elle en laisse une autre dans l'ombre.

La lutte n'est pas, pour ces naturalistes, le seul facteur du progrès, même biologique. Il en est un autre qui coexiste avec lui aux degrés les plus bas de l'animalité, mais dont la valeur grandit progressivement lorsqu'on remonte, de degré en degré, vers les formes supérieures de la vie. Cet élément nouveau est l'association, la solidarité des êtres vivants, dans leurs parties composantes, et de ces mêmes êtres entre eux. Cet autre facteur du progrès, qui oppose à la lutte un phénomène contraire, la limite, en en restreignant le champ et en en modifiant les effets; et son action s'accroît à mesure qu'on s'élève dans l'échelle de la vie, et trouve sa plus haute expression dans l'homme et le développement des sociétés humaines.

M. Espinas, qui ne peut-être rangé parmi les naturalistes, mais dont l'observation n'est pas moins pénétrante et moins sûre, montre que, loin que la lutte pour l'existence, l'écrasement de l'individu, soit la caractéristique de la vie, dans les limites d'un même corps et d'une même société, c'est le concours des individus qui la composent, qui en est la première condition et le caractère dominant.

L'idée d'une société est celle d'un concours permanent que se prêtent, pour une même action, des êtres vivants séparés. Elle se vérifie dans toute la série animale, qui se compose surtout de types sociaux, à commencer par l'individu lui-même. Si on excepte les êtres vivants les plus infimes, tous les animaux sont à des degrés divers, des sociétés ou des éléments de sociétés. Aucun fait biologique n'est mieux démontré que la composition de l'individu. Tout individu est un agrégat, un groupement de cellules ou d'autres éléments organiques vivants, et constitue déjà par là un genre particulier de société. C'est un corps organisé, c'est-à-dire fait de parties, dont chacune concourt, par un genre particulier, d'action, à la conservation du tout. Il en est de même de tous les corps sociaux.

Le concours qui les caractérise se réalise chez tous, sous l'impulsion de forces diverses, à mesure qu'on s'élève du commencement de la vie vers ses degrés supérieurs. Accompli d'abord sous l'influence de forces physico-chimiques, ou purement physiologiques, il s'opère ensuite, non moins réel, mais plus mobile et plus libre, sous l'action de forces proprement psychologiques résultant de penchants et d'attraits de plus en plus prononcés[1].

Des idées toutes semblables sont exposées par un naturaliste anglais, M. Geddes, dans une discussion plus technique, où il expose l'état actuel de la controverse qui s'est élevée récemment sur le darwinisme et sa théorie exclusive du progrès animal par la lutte pour l'existence et la sélection naturelle.

Le progrès morphologique le plus considérable, dans le développement de la vie animale, a été dû directement à la coopération, non à la lutte.

L'accroissement de l'activité reproductrice qui crée le mammifère et marque les étapes essentielles des progrès ultérieurs, l'augmentation des soins des parents, la fréquente apparition de la sociabilité qui, même dans les formes les plus grossières, assure d'une façon si certaine le succès des espèces qui y sont parvenues, tous ces phénomènes de la survivance du plus apte, par le sacrifice et la coopération, exigent une bien plus grande place qu'ils n'en pourraient obtenir dans l'hypothèse du progrès essentiel des espèces par la lutte intestine des individus pour la subsistance.

Chacun des plus grands pas du progrès est

1. Espinas, *op. cit.*, p. 157, 527.

en réalité associé, dans le monde animal, à un accroissement de subordination de la concurrence individuelle à des fins reproductrices et sociales, et de la concurrence interspécifique à l'association coopérative.

Le progrès correspondant dans l'histoire et les sociétés humaines, depuis le sexe et la famille, jusqu'à la tribu ou la ville, la nation et la race, devient de plus en plus apparent. La concurrence et la survivance du plus apte ne sont jamais complètement éliminés, et reparaissent, à chaque nouveau niveau, pour y produire la prédominance du type supérieur, le plus complet et le mieux associé. Mais ce service ne nous oblige pas à considérer ces actions comme le mécanisme essentiel du progrès, à l'exclusion pratique des autres facteurs desquels dépend la victoire, comme l'économiste et le biologiste se sont souvent induits réciproquement à le faire. Car nous voyons qu'il est possible d'interpréter l'idéal du progrès moral par la sociabilité, non comme une utopie, mais comme l'expression la plus élevée du procès évolutif du monde naturel. L'idéal évolutif est, à la vérité un Éden ; mais bien que la concurrence ne puisse jamais être entièrement éliminée, et que le progrès doive ainsi toujours approcher de son idéal sans jamais l'atteindre, c'est déjà beaucoup, pour notre histoire naturelle, de reconnaitre que là loi finale de la création est,non la lutte, mais la coopération[1].

Ce sont ces mêmes questions de sociologie et de biologie, de philosophie générale et d'histoire naturelle comparées, que M. Edmond Perrier, qui est d'ailleurs un des partisans les plus convaincus du transformisme, examine dans un de ses plus importants ouvrages.

Dans son livre sur les *Colonies animales*, après avoir amplement exposé, dans une discussion approfondie, les conditions et les causes de la formation des organismes, l'auteur rapproche cette formation de celle des sociétés humaines, et émet des vues qui ne diffèrent guère, pour le fond, de celles de MM. Geddes et Espinas. L'auteur reconnaît pleinement l'existence et les effets de la concurrence vitale, dans le monde animal, et de la sélection naturelle qui en résulte; et il leur fait une large part. Mais il montre, en même temps, que le succès dans cette lutte, qui peut paraître un moment l'effroyable justification de la bataille des appétits et du triomphe de la force, a été en réalité le privilège d'associa-

1. P. Geddes et A. Thomson, *L'Évolution du sexe*. Paris, 1893, p. 423 et s.

tions dont nos sociétés humaines ne représentent que le dernier terme, dans lesquelles, à des liens matériels et exclusivement physiologiques et inconscients, sont venus s'ajouter des liens intellectuels dont nous avons chaque jour une plus nette conscience. Les sciences naturelles ne nous enseignent pas seulement la lutte pour l'existence; elles nous font voir le succès dans cette lutte, le progrès, dans la puissance de l'association, qui est la loi même, la condition inéluctable de la durée et du progrès de tous les êtres vivants [1].

III

LA LUTTE POUR LA VIE DANS LES SOCIÉTÉS HUMAINES.

Nous avons consulté jusqu'ici les naturalistes pour suivre, sur leur propre terrain, les auteurs qui, assimilant le progrès social au progrès biologique, tirent de leur étude des sciences naturelles des conclusions excessives et non justifiées. Mais, quelque secours que les sciences naturelles puissent offrir à la science

1. E. Perrier. *Les Colonies animales et la formation des organismes*. Préface et p. 781 et s.

sociologique par les analyses et les comparaisons qu'elles suggèrent, il ne faut pas en exagérer l'importance. Ce ne sont toujours que des comparaisons, des analogies, et souvent de simples manières de raisonner, décevantes et factices.

Il y a, entre les deux ordres de faits, biologiques et sociaux, à côté des ressemblances, des différences profondes. Les emprunts qui se font des uns aux autres, les déductions qu'on en tire, sont souvent trompeurs; et c'est, en dernière analyse, dans l'étude des conditions spéciales propres à la formation et à la croissance des sociétés humaines, et dans les dissemblances qu'elles présentent avec la formation des organismes et des sociétés animales, qu'il faut rechercher les causes véritables du progrès humain.

Les dissemblances entre ces deux ordres de faits sont considérables, en ce qui concerne précisément la lutte pour la vie et la sélection qui en est la conséquence. Déjà, à ne considérer que l'homme, pris isolément et comme individu, Wallace a remarqué que, par sa seule faculté de se vêtir et de se faire des armes et des outils, l'homme a enlevé à la nature la puissance, qu'elle exerce pleinement sur les animaux, de modifier sa forme et sa structure. Ceux-ci, pour pouvoir vivre, doivent subir, dans leur structure, leur constitution physique, leurs mœurs, des modifications conformes à celles de leur milieu. L'homme atteint le même but, au moyen de son intelligence, qui lui permet de se maintenir en harmonie avec le monde extérieur, sans changer sa propre constitution. Ce sont les instincts sociaux et sympathiques, les facultés morales et intellectuelles, que la sélection naturelle a surtout développés et perfectionnés chez l'homme primitif; elle a cessé, semble-t-il, d'avoir sur lui une influence appréciable, dès le moment où ces instincts et ces facultés ont atteint chez lui tout leur développement. Darwin lui-même, beaucoup plus circonspect que ses trop enthousiastes disciples, a exprimé des idées semblables et reconnu que la sélection naturelle paraît n'exercer qu'une action très secondaire sur les nations civilisées[1].

Les différences qui séparent, au point de vue de la concurrence vitale, le règne animal et les sociétés humaines, ne peuvent être méconnues. Nous avons vu que la lutte pour la vie n'est pas l'unique indice du progrès, même

1. Darwin. *La descendance de l'homme et la sélection sexuelle*, p. 137 et s. — Cf. sur le même sujet, de Greef. *Le Transformisme social*, p. 237 et s. Paris, F. Alcan ; et de Lanessar. *La concurrence sociale et les devoirs sociaux*. F. Alcan, 1904.

biologique. Mais à supposer qu'elle ait, en réalité, ce caractère, et qu'elle constitue, à elle seule, la loi que la nature a imposée au progrès animal, elle ne pourrait être, en même temps, la loi *naturelle* du progrès humain, parce que la lutte est conditionnée et dominée, dans l'humanité, par un milieu artificiel qui est l'œuvre, *non de la nature*, mais de l'homme. Tandis que la lutte animale se poursuit entre des individus pareils et tels que la nature les a faits, et n'est influencée que par leurs qualités propres et personnelles, et par le milieu physique dans lequel ils vivent, elle s'engage, dans les sociétés humaines, entre des individus dissemblables, pourvus, en dehors de toute supériorité naturelle, d'avantages résultant du milieu social où ils sont placés. Le milieu naturel, qui pouvait régler, en grande partie, les conditions de cette lutte, dans les temps primitifs, n'a plus qu'une action, à peu près nulle, chez les peuples parvenus à un certain degré de civilisation. L'influence décisive est celle du milieu social. Or, il n'y a aucun motif pour affirmer, *a priori*, que la concurrence vitale et la sélection artificielle qui peut en résulter, soient favorables au progrès, par elles-mêmes, et quel que soit le milieu dans lequel elles se produisent.

C'est cependant ce postulat qui est impliqué dans le système de ceux qui préconisent, en économie politique, la loi absolue du laisser passer et du laisser faire, ou de ceux qui, avec Spencer, prohibent toute intervention de l'État dans la réglementation de l'œuvre sociale, en dehors de ce qui est strictement nécessaire pour assurer le libre exercice des activités individuelles concurrentes. Ces systèmes impliquent, en réalité, que la sélection artificielle qui résulte de la lutte est une cause de progrès, par elle-même, dans n'importe quel milieu donné.

Mais, tout au contraire, le progrès, dans les sociétés humaines, dépend d'abord et essentiellement, de la nature du milieu; la concurrence vitale et la sélection artificielle n'ont qu'une influence subordonnée.

L'erreur fondamentale du système qui applique la loi de la concurrence vitale et de la survivance des plus aptes aux sociétés humaines, a dit M. de Laveleye, est dans l'idée superficielle et fausse que, si l'on proclamait le régime du laisser passer et du laisser faire, les prétendues lois naturelles gouverneraient l'ordre social. On oublie que les individus agissent tous sous l'empire d'institutions politiques et administratives, et des lois qui règlent la propriété, l'hérédité, la prescription, et tous les rapports sociaux, de quelque nature qu'ils soient. Pour que les lois naturelles, et surtout celle de la survie des plus aptes, règnent dans les sociétés humaines, il faudrait détruire d'abord cet immense édifice de législation, et retourner à l'état sauvage où vivaient probablement les hommes primitifs, à la façon des animaux. Ceux qui, comme Spencer, Haeckel, veulent que la loi de la sélection naturelle soit appliquée à de telles sociétés, ne voient pas que le règne animal et l'organisation sociale, sont des milieux complètement dissemblables, et où, par conséquent, la même loi ne peut avoir que des effets différents. Parmi les animaux, chaque individu se fait sa destinée à raison de ses aptitudes. Parmi les hommes, la destinée de chacun est déterminée en partie par les avantages qu'il obtient ou qu'il hérite de ses parents. Le principe que l'on veut appliquer est que la société est régie par des lois naturelles auxquelles il suffit de donner un libre cours, pour amener la plus grande somme possible de prospérité et de bonheur. Certes, la société humaine étant comprise dans ce que nous appelons la nature, obéit aux forces naturelles. Mais les institutions et les lois qui régissent l'acquisition et la transmission des biens, sous leurs formes diverses, et toutes les lois civiles et pénales, émanent de la volonté de l'homme et des décrets du législateur, qui peut les abolir ou les modifier, si l'expérience ou une notion plus élevée de justice lui montrent qu'elles doivent être changées. Quant à la loi darwinienne du plus apte, il est impossible de la faire régner parmi les hommes, sans anéantir toutes ces institutions, d'une façon plus radicale que ne le rêvent les plus extrêmes nihilistes[1].

La sélection produite par la lutte, soit des animaux, soit des hommes, n'est, en définitive, qu'un des modes de l'adaptation de l'individu à son milieu. Mais cette adaptation, qui n'est chez l'homme que le résultat d'une sélection, non naturelle mais artificielle, peut être une cause de rétrogradation, aussi bien que de progrès, suivant la nature du milieu. Elle sera une cause du progrès, si ce milieu est favorable; elle sera une cause de rétrogradation, si le milieu est hostile.

Il en serait ainsi, même pour les animaux, si on suppose que des individus d'une certaine espèce, moins bien pourvus d'avantages que leurs rivaux, au lieu de succomber dans la

1. E. de Laveleye. *Le socialisme contemporain*, 9e éd. Appendice. L'État et l'individu, p. 375 et s. Paris, F. Alcan.

lutte qu'ils soutiennent avec eux, sont amenés à émigrer dans un milieu naturel moins favorable. Ces animaux, ainsi transportés dans une autre aire, s'adapteront à leur milieu nouveau. Mais cette adaptation même pourra les réduire à un type inférieur à celui qui leur appartenait dans le milieu d'où ils ont été chassés, et sera devenu ainsi, pour eux, une cause de rétrogradation, non de progrès.

Ce n'est donc pas la lutte, qui est seule, et par elle-même, une cause de progrès : elle n'en est qu'un des facteurs, dont l'influence est subordonnée à l'influence du milieu.

La lutte, en tant qu'elle exprime le conflit des intérêts privés et des activités personnelles concurrentes, ne pourra jamais être suprimée, Elle est une conséquence inévitable de l'exercice même de ces activités, et de la vie individuelle qui aura toujours une part prépondérante dans l'ensemble de la vie sociale. Mais cette lutte n'est pas la lutte *naturelle* du monde animal. C'est une lutte *artificielle*, qui n'est pas seulement conditionnée par tout le milieu social, mais qui peut être encore réglée, d'une manière plus directe, par la loi ou la coutume. Elle l'est, quoique d'une manière très imparfaite, même dans nos sociétés actuelles, par certaines dispositions légales, et notamment par celles qui prohibent, par exemple, la violence, la tromperie, la fraude.

On ne peut prétendre que ce règlement soit le dernier mot de la sagesse humaine, et que rien ne peut y être ajouté. Cette lutte doit souffrir, au contraire, toutes les limitations qui, sans porter atteinte aux sources des énergies individuelles, sont de nature à les faire tourner au plus grand profit de la communauté, à la plus grande coopération sociale.

Les sociétés les plus parfaites ne sont pas celles dans lesquelles la lutte intestine entre les individus est la plus intense et la plus rude. Ce sont celles où le milieu social, les lois, loin d'exaspérer la lutte, la limitent, la règlent et en tempèrent les effets, où les membres de la communauté, loin d'être opposés les uns aux autres, dans un conflit universel et permanent, sont le mieux associés entre eux pour le plus grand nombre de leurs buts communs, et le mieux conciliés dans le libre exercice de leurs activités propres.

IV

LE PROGRÈS

Si on considère l'ensemble de l'évolution de a vie sociale, à laquelle l'évolution du droit est intimement liée, on doit reconnaître qu'un des indices les plus généraux du progrès humain dans les temps modernes, a consisté dans le plus large et libre développement de la vie individuelle et collective qui est résulté, à la fois, de sa croissante hétérogénéité, et de la substitution des formes de la liberté à celles de la contrainte, dans l'exercice des activités individuelles et la coopération sociale.

L'histoire de la civilisation est l'histoire de l'affranchissement de l'individu des servitudes du passé, et du passage graduel de la coopération imposée par la voie de l'autorité ou par la force, à la coopération volontaire, accompagné d'un état croissant d'hétérogénéité dans la vie individuelle et sociale.

Cette coopération, qui est le phénomène le plus saillant de l'évolution économique et politique, revêt des formes différentes, et passe par des phases diverses selon les temps.

Les formes diverses qu'elle prend correspondent aux modes multiples de l'exercice des activités individuelles, isolées, combinées, ou associées. Tous ces modes de l'action s'exercent simultanément dans des proportions variables, aux divers stades de l'évolution. Ils ont une valeur et une efficacité plus ou moins grandes, selon les buts à réaliser; mais ils sont tous également nécessaires, et ne peuvent être suppléés les uns par les autres, parce que chacun d'eux est et demeure le mieux approprié à l'accomplissemeut de certaines tâches sociales.

L'exercice des activités individuelles concurrentes, auquel la lutte, telle que nous l'avons définie, est inévitablement liée à des degrés divers, est souvent, aussi bien que l'association et le travail combiné, une des formes de la coopération sociale, quoique avec des caractères différents.

Les activités individuelles qni s'exercent librement dans des fins d'intérêt privé, ne soutiennent pas seulement entre elles une lutte qui ne peut être évitée; elles engendrent en même temps, par leur exercice même, une production et un échange incessant de richesses ou de services de toute nature, et constituent ainsi, dans leur ensemble et leurs résultats, par rapport à la société tout entière, une sorte de coopération qui, pour n'être pas concertée, n'en est pas moins réelle que la coopération directe résultant de la poursuite de buts communs, dans des fins d'intérêt public. Cette coopération indirecte et spontanée joue un grand rôle dans les sociétés organiséees, et son action, loin de s'affaiblir, s'étend, et s'accroît avec le développement de la civilisation, en même temps que les formes de la coopération résultant de l'association, ou du travail combiné. Elle se manifeste principalement, avec son double caractère de la concurrence privée entre les individus, et du concours, simultané quoique non délibéré, à des fins d'intérêt public, dans le domaine de l'activité industrielle et commerciale. Les travailleurs concurrents poursuivent chacun directement, dans la lutte, leurs avantages propres; mais ils coopèrent, en même temps indirectement, au bien de la communauté, en procurant le plus grand développement du commerce et de l'industrie.

L'erreur de l'ancienne économie politique a été d'exagérer, dans ce double phénomène, les effets et les bienfaits de la lutte, et de ne pas considérer assez la part finale de coopération sociale qui doit en résulter, ou plutôt, c'est de voir la plus parfaite coopération, dans le laisser faire absolu, dans la lutte, sans règle et sans frein, et de faire sortir, de ce conflit anarchique des intérêts privés, toute l'organisation du travail, par une sorte d'harmonie préétablie, que le législateur doit se garder de troubler par aucune intervention.

La lutte qui procure une coopération vraie n'est pas la lutte brutale pour l'existence, qui arme les forts contre les faibles et supprime impitoyablement les seconds au profit des premiers. C'est la lutte pacifique, qui entretient l'émulation nécessaire à l'homme dans l'accomplissement de ses œuvres; c'est la concurrence loyale, instituée dans les conditions d'égalité les plus grandes possibles, et contenue dans de justes limites, par la coutume et par la loi.

Une autre erreur de cette école, qui a la même source, et procède de la même et excessive défiance de l'action régulatrice de la loi, est de ne pas apprécier, à sa juste valeur, le rôle de la coopération directe, légalement instituée pour des fins d'intérêt public, de ne la reconnaître que dans les institutions politiques, et de l'exclure entièrement, pour la réalisation des autres buts communs que le libre exercice des initiatives individuelles ne suffit pas à remplir.

La coopération sociale, soit qu'elle se réalise par l'exercice des activités individuelles, concurrentes, combinées, ou associées, passe par diverses phases.

V

LA DIVISION DU TRAVAIL ET DES FONCTIONS COOPÉRATION HOMOGÈNE ET COOPÉRATION HÉTÉROGÈNE

La coopération est simple et élémentaire, dans les sociétés primitives. Elle est à peu près la même chez tous les membres de la communauté. Chaque individu construit sa demeure, fait ses vêtements, fabrique ses armes, se procure ses moyens d'existence, pourvoit seul, en un mot, à la plupart de ses besoins. L'association n'a guère alors d'utilité et ne se manifeste, par une action commune, que pour les besoins de la défense contre un milieu naturel hostile, ou contre les ennemis de l'extérieur. Les liens de l'association sont, sous les autres rapports, lâches et peu résistants. Chacun vaque de son côté, aux mêmes occupations, aux mêmes travaux, sans rien demander ni devoir à autrui.

La pensée est commune, comme l'action. Tous les membres de la communauté partagent les mêmes sentiments et les mêmes idées, mêlées le plus souvent de croyances superstitieuses, mais fortement imprimées dans tous les esprits. C'est l'époque où la conscience collective a le plus d'universalité et d'homogénéité, et où les mêmes manières de penser et de sentir se font reconnaître chez tous.

Mais cette parfaite homogénéité de la pensée et de l'action cesse bientôt.

L'accroissement de la masse sociale, le contact avec les communauté voisines, le progrès intellectuel, si rudimentaire qu'il soit, l'industrie et le commerce naissant, les inventions nouvelles, et en un mot, toutes les causes internes ou externes qui agissent, avec plus ou moins d'intensité, au sein dela communauté, amènent une différenciation croissante entre les individus. Cette différenciation est double, politique et économique, dans les fonctions et le travail.

La différenciation politique se manifeste habituellement, à l'origine, par la désignation de chefs, investis d'abord de pouvoirs temporaires, qui se consolident généralement par la suite, en pouvoirs héréditaires, pour la défense ou l'attaque, pour organiser la résistance à une invasion, pour conduire une expédition à l'intérieur.

Cette différenciation, qui donne naissance aux dominations despotiques les plus absolues, se développe et se complète le plus souvent, par la création d'une aristocratie de gouvernants, sous la suprématie du chef, et par la séparation des fonctions et le partage des avantages qui en découlent entre ces gouvernants, plus ou moins hiérarchisés et subordonnés les uns aux autres.

En ce qui concerne le travail proprement dit, une première division naturelle se fait, dans les sociétés les plus primitives, et avant même la constitution de la famille, par la différence des sexes, entre les hommes et les femmes, et ensuite entre les membres de la famille elle-même

Une autre division, plus profonde, se produit, par le fait si général de l'établissement de l'esclavage, et du régime des castes, ou des classes diverses de la population.

Cette division nouvelle est liée à l'organisation politique, et diversifiée avec elle. Mais, quelle que soit l'organisation, le développement de la civilisation opère toujours une différenciation plus marquée dans le travail des unités sociales. L'individu qui, à l'origine, créait lui-même tout ce qui était indispensable à la satisfaction de ses besoins, n'en produit plus qu'une partie de plus en plus restreinte, soit seul, soit collectivement et dans son groupe, si le travail est réparti entre des classes ou des corps de métier distincts. Il se repose sur autrui pour la production des autres objets nécessaires à la vie, et se procure tout ce qui lui est utile, en échangeant le superflu de son industrie avec les produits de l'industrie des autres. Ces échanges réciproques établissent une coopération plus active, une plus grande solidarité entre tous les membres de la communauté, et rendent les liens de l'association plus consistants et plus forts.

Cette sorte de coopération constitue une première étape de la division du travail : c'est celle de la séparation des professions et des métiers.

Une seconde étape est celle qui résulte, dans la production industrielle, de la décomposition technique des travaux d'une même profession ou d'un même métier, en une série de tâches parcellaires.

Quoiqu'elle n'apparaisse que la seconde dans l'ordre des temps, c'est cette nouvelle face de la division du travail qui a appelé, la première, l'attention des économistes sur ce phénomène général, et qui la reçu le plus grand développement et produit les effets les plus féconds dans le monde moderne.

Cette coopération différenciée, prise dans l'une et l'autre de ses branches, n'amène pas seulement une plus grande production; elle procure, en même temps, de la manière la plus efficace, le perfectionnement des produits sociaux. Chaque travailleur, mieux préparé et plus habile dans tout ce qu'il fait, crée plus rapidement, et en plus grande quantité, des produits d'une qualité supérieure. La variété et la coordination des efforts faits dans toutes les directions de l'activité sociale, donnent naissance à une foule de produits de nature à satisfaire, non plus seulement aux besoins indispensables à l'existence, mais encore à tous ceux que fait naître une vie plus intense et plus riche. L'accumulation des richesses, qui résulte de cette plus grande production, suscite, en même temps, le plus large développement des œuvres de l'intelligence, en délivrant des soucis de la vie matérielle les esprits élevés capables de les produire.

Cette différenciation des fonctions et du tratravail est toujours allée grandissant avec le progrès de la civilisation, et c'est ainsi qu'elle a amené la coopération sociale à ce degré extrême d'hétérogénéité où nous la voyons aujourd'hui, dans toutes les branches de l'activité humaine. Elle s'opère plus ou moins rapidement, et sous des modes très variables, selon l'organisation politique et économique de chaque société, mais elle est un phénomène constant et universel. C'est l'un des signes caractéristiques de l'évolution, sous tous les régimes, et dans tous les temps. Elle s'accomplit, par le passage progressif d'une coopération homogène ou quasi homogène, à une coopération hétérogène croissante.

Mais l'hétérogénéité de la coopération n'est pas le seul indice du progrès. Elle accuse surtout le côté matériel de la création et du développement des richesses. La coopération n'a pas encore, de ce seul point de vue et en elle-même, un caractère moral. C'est la part de conscience, de volonté, et de liberté qui y entre, qui lui donne ce caractère.

VI

COOPÉRATION FORCÉE ET COOPÉRATION VOLONTAIRE

Le progrès s'est fait, sous ce rapport, par le passage de la coopération forcée, issue des formes de l'autorité, à la coopération volontaire, sortie du consensus des intérêts, et de la volonté générale présumée qui l'exprime.

Ces deux sortes de progrès, quoique devant coïncider, dans la règle, ne marchent pas cependant toujours de pair. Le progrès moral ne suit pas toujours, du même pas, le progrès matériel, et réciproquement. On peut rencontrer un assez grand degré de coopération libre, quoique inconsciente, dans les sociétés primitives. Bien que la coopération soit le plus souvent marquée, dans ces sociétés, par le plus absolu et le plus cruel despotisme, il en est d'autres qui se sont constituées dans des milieux si favorisés que la coopération sociale s'y est organisée spontanément, avec un degré de liberté tel que des civilisations plus avancées pourraient le leur envier. Dans les sociétés, même fondées sur la contrainte la plus dure, la coopération est généralement spontanée et instinctive, dans le domaine de la coutume, pour tout ce qui ne touche pas les rapports des gouvernants avec les gouvernés, des classes privilégiées avec les classes sujettes, des vainqueurs avec les vaincus. Elle n'est établie, par la seule voie de l'autorité, que dans les rapports entre les gouvernants et les gouvernés, et surtout dans ceux des vainqueurs avec les vaincus. Mais, quel que soit le degré de volonté libre qui se trouve dans de telles sociétés, ce ne sont jamais que des sociétés rudimentaires et primitives, quelle qu'ait été leur durée, si elles sont encore au stade de la coopération homogène ou quasi homogène. Ce n'est que dans la coopération hétérogène largement développée, combinée avec l'avancement de la liberté et de la volonté consciente dans la coopération, que se trouve le progrès intégral de la civilisation.

Ce passage de la coopération issue des formes de la liberté à celle qui relève des formes de l'autorité et de la contrainte, s'est opéré lentement et progressivement, sous l'influence de l'accroissement de la masse sociale, de sa différenciation, de l'accession au partage, direct ou indirect du pouvoir, des classes de la société les plus nombreuses, primitivement subordonnées, et des états successifs de la conscience collective.

Ce qui distingue la coopération forcée de la coopération volontaire, ce n'est pas seulement son origine, c'est aussi sa nature propre, et l'état mental qui y correspond. L'adhésion volontaire qui peut lui être donnée, de la part de ceux qui y sont soumis, n'en change pas le caractère.

Une coopération quelconque, même établie

par l'autorité la plus forte, ne peut être maintenue longtemps, par la seule contrainte matérielle. Elle ne dure et ne constitue un état régulier et permanent, que lorsque le temps et l'accoutumance ont amené la soumission et l'adhésion volontaire de ceux auxquels elle a été imposée. Toute société organisée est nécessairement liée à un état conforme de la conscience collective, à un ensemble de sentiments et de croyances appropriés. L'état mental correspondant à la coopération forcée, est une ferme croyance de la masse des gouvernés, en la puissance souveraine des gouvernants, et en l'excellence de leurs œuvres.

L'effort des gouvernants, dans tous les temps, a été de substituer, dans la coopération forcée, à la contrainte matérielle, l'exécution volontaire résultant de cet état mental. C'est de créer, chez les gouvernés, une mentalité qui les porte à accepter, comme une nécessité résultant d'un ordre surnaturel et divin ou, dans tous les cas, commandé par la nature inéluctable des choses, ce qui ne leur a été imposé à l'origine qu'artificiellement, dans l'intérêt des gouvernants et par la force.

Ce but est le mieux et le plus facilement atteint dans les temps primitifs, où la religion, la morale et le droit sont confondus. La classe sacerdotale qui, lorsqu'elle n'est pas la classe gouvernante, est presque toujours une classe privilégiée et associée aux gouvernants, remplit surtout merveilleusement cette tâche, d'adapter les croyances à l'ordre de choses existant.

C'est sous cette influence, et sous celle des gouvernants, comme aussi par la vertu inhérente à la longue pratique des institutions établies, et à la mentalité correspondante qu'elle développe et consolide, que la coopération instituée par la voie de l'autorité obtient, dès l'origine, ou gagne, dans le cours du temps, l'adhésion volontaire de ceux qui y sont soumis. La légitimité des prescriptions juridiques, coutumières ou légales, paraît fondée alors principalement, non sur la valeur intrinsèque de leur contenu, mais sur l'autorité de laquelle elles émanent. Elle prend sa source, d'abord pour la plupart d'entre elles et les plus importantes, dans la foi en l'autorité invisible qui est réputée les avoir révélées, au cours des premiers âges des sociétés humaines, puis, à défaut de cette origine surnaturelle, dans le sentiment persistant de la sagesse infaillible de l'autorité humaine souveraine, et de l'obéissance nécessaire qui lui est due.

Mais le cours du temps, le développement général de la civilisation et, surtout les progrès de la science et de l'esprit humain, substituent, lentement mais sûrement, d'autres sentiments et d'autres croyances à ceux qui fondaient le droit sur cet ordre surnaturel et préétabli. La coopération sociale, lorsque cette base première vient à lui manquer, ne peut plus trouver de solide fondement que dans la poursuite consciente des véritables buts sociaux et dans le sentiment croissant des liens de dépendance qui unissent les membres de la société, pour la réalisation de ces buts, et de la solidarité de leurs intérêts matériels et moraux.

C'est de ce progrès dans les sentiments de solidarité sentie et voulue que sort la coopéraration volontaire fondée sur le consensus des intérêts, qui ne peut remplacer la coopération primitive et purement autoritaire, que sur un terrain convenablement préparé, et dans un état de la conscience sociale qui y a disposé les esprits et les cœurs.

Mais cette forme nouvelle de la coopération doit être organisée, aussi bien que la première. Elle reçoit cette organisation, selon la nature diverse des buts à réaliser, soit de la loi issue de la volonté générale présumée, soit du libre jeu des initiatives individuelles, isolées, ou groupées dans des agrégats sociaux particuliers.

Cette coopération est donc légale ou libre.

VII

COOPÉRATION LÉGALE

La coopération légale qui dérive de cette source présente des différences essentielles avec la coopération légale qui procède du régime de la pure autorité. Tandis que la forme autoritaire implique l'inégalité des conditions et la subordination des droits et des intérêts de la masse aux fins particulières des minorités gouvernantes, la forme consensuelle tend à la suppression des privilèges et des classes, et à la participation de tous au pouvoir politique, par les moyens les plus propres à dégager et mettre au jour la volonté commune, et à la faire passer dans les institutions et les lois. Tandis que la première tire sa légitimité des seules prescriptions du pouvoir gouvernant, la seconde n'emprunte la sienne qu'à la satisfaction qu'elle est réputée procurer aux intérêts matériels et moraux de la communauté tout entière. Ce résultat est réalisé, d'une manière plus ou moins parfaite, selon le mode d'organisation des corps politiques chargés de la confection des lois, et dans la mesure où ces corps représentent le mieux les intérêts généraux de toute la collectivité.

On peut douter que ce but soit pleinement atteint aujourd'hui, dans nos organisations politiques les plus perfectionnées; et la recherche de l'organisme le plus apte à procurer son entière réalisation est un des problèmes les plus urgents du temps présent, et celui dont la solution importe le plus au bon gouvernement des sociétés.

Le plus haut degré de liberté et de volonté, après celui de la coopération légale librement consentie, est celui de la coopération volontaire et libre. C'est celle qui émane des seules volontés individuelles, unies entre elles par un libre contrat, établi et maintenu sans aucune coercition légale. L'idéal du progrès, dans les sociétés civilisées, doit être de substituer, de plus en plus, les formes de cette coopération à la coopération légale; mais il ne faut pas croire que celle-ci soit jamais appelée à disparaître.

La part de la coopération légale, celle du droit et de la loi, sera toujours considérable, dans toute société organisée, si progressive et libre qu'elle puisse être. C'est une illusion de croire que le cours du temps doive restreindre le champ de la législation et du droit. Ce champ end plutôt à étendre indéfiniment ses limites avec la multiplicité croissante des rapports sociaux. Le changement principal que le progrès de la civilisation amène, dans ce domaine, consiste surtout dans l'expansion des formes contractuelles du droit, interprétatives de l'intention présumée des parties, et leur prédominance sur les formes impératives et répressives, et dans l'adoucissement général des sanctions légales. Mais la masse de l'appareil juridique, loin de subir une diminution, reçoit toujours des apports nouveaux.

Les formes de la liberté ne sont pas celles de l'anarchie. Elles ne peuvent fonder un régime normal, qu'à la condition d'être organisées. Un tel régime implique, aussi bien que les régimes d'autorité, un organisme politique et gouvernemental, qui ne peut faire défaut, quoique établi sur d'autres bases, ni se passer de la force coercitive de la loi, pour la protection des intérêts collectifs, dont il a la garde. Il doit éviter, avant tout, de tomber dans le piège du sophisme, toujours renouvelé, que tout est permis contre lui, et que son principe même lui interdit d'employer aucun moyen de contrainte pour se défendre; car il ne peut sauvegarder les formes mêmes de la liberté, contre les entreprises contraires, qu'en assurant d'abord sa conservation propre.

La coopération même qui repose le plus manifestement sur le consensus réel des intérêts n'en doit pas moins, dans un grand nombre de cas, être sanctionnée par la loi, encore bien que sa nécessité soit universellement acceptée et reconnue. C'est ce qui se produit toutes les fois que cette coopération ne peut être régulièrement obtenue du libre jeu des initiatives privées.

Ce domaine indispensablement réservé au législateur est et sera toujours très étendu. Il comprend les buts sociaux les plus divers, les plus élevés comme les plus humbles. D'une part, en effet, certains buts les plus essentiels, tels que le service militaire, le paiement de de l'impôt, ont une telle gravité et une telle urgence, qu'ils ne peuveut être abandonnés, à aucun degré, à l'exécution volontaire et libre de ceux qui y sont assujettis. D'autre part, un très grand nombre de buts communs, de minime importance, non indispensables, mais du moins utiles pour la sûreté ou l'agrément de la vie, et reconnus de tous comme tels, ne sollicitent pas suffisamment les activités individuelles pour être réalisés spontanément par la libre action des individus. Tel est, par exemple, le domaine si vaste et si varié des prescriptions légales en matière de police.

La coopération légale, qui n'a fait jusqu'ici

qu'accroître la masse de l'appareil juridique, n'est donc pas près de disparaître ; et une part plus ou moins grande devra toujours lui être laissée, dans toutes les sociétés, même les plus avancées dans la voie de la civilisation.

Mais quel que soit le rôle nécessaire de cette forme de la coopération, le progrès n'en est pas moins dans le plus grand développement de la coopération, non pas seulement volontaire, mais volontaire et libre, et due au seul jeu des activités individuelles ; et l'effort du temps présent, comme de l'avenir, doit tendre à réaliser, par la coopération libre, le plus grand nombre possible des buts sociaux et à ne laisser à la coopération légale, et à l'initiative de l'État, que ceux auxquels elle est elle-même incapable de pourvoir.

VIII

COOPÉRATION VOLONTAIRE ET LIBRE ASSOCIATION COOPÉRATIVE

L'association libre est la forme la plus parfaite de la coopération. Elle n'abolit pas la lutte, mais elle en restreint le champ, en lui enlevant tous les domaines de l'action dans lesquels les membres associés poursuivent des buts communs; et elle en adoucit et en change, dans une certaine mesure, le caractère, dans le domaine des activités individuelles isolées. La lutte que soutiennent des hommes associés, pour des buts communs, n'est pas la même que celle qui s'engage entre ceux qui ne sont unis par aucun lien. L'association développe, entre les premiers, des sentiments de solidarité et d'aide mutuelle, qui ne sauraient exister, au même degré, chez les seconds, et qui ne peuvent manquer d'exercer une certaine influence dans la poursuite même de leurs buts individuels concurrents.

C'est vers l'association libre que se dirigent aujourd'hui les vues de tous les hommes qui s'appliquent à corriger les défectuosités ou les vices de notre organisation sociale actuelle, non par les procédés violents ou révolutionnaires qu'impliquent, à des degrés divers, les théories communistes ou collectivistes, mais par la voie pacifique et régulière de l'évolution.

L'association a déjà accompli des merveilles dans le monde économique, et donné des résultats importants dans toutes les branches de l'activité humaine. La forme dernière qu'elle a revêtue, dans l'*association coopérative* moderne, marque encore une phase supérieure de son développement.

Ce qui distingue cette forme nouvelle, ce qui lui donne sa plus haute valeur sociale et son caractère moral, c'est qu'elle constitue une association de personnes, non de capitaux, et qu'elle tend, non à l'enrichissement de ses membres, mais à une organisation et à une régularisation de la vie économique en général.

Nous n'avons pas à faire ici l'histoire du développement extraordinaire du mouvement coopératif depuis les célèbres *Pionniers de Rochdale*, qui l'ont inauguré, jusqu'à nos jours. Les propagateurs de ce mouvement ont pu et peuvent encore s'en exagérer la portée. Les associations coopératives, dans le sentiment de plusieurs d'entre eux, sont destinées à substituer, à notre état présent, un ordre économique tout nouveau, par la combinaison et l'alliance de leurs trois types principaux, d'associations de consommation, de production, de crédit. Elles doivent, à les en croire, faire dans un avenir plus ou moins éloigné, la conquête successive de l'industrie commerciale, et de la production manufacturière et agricole, par des voies toutes pacifiques, et sans aucune intervention de l'État, et supprimer ainsi le douloureux antagonisme que notre régime économique actuel accuse entre le capital et le travail.

De telles vues d'avenir contiennent sans

doute, une part d'illusion. L'association ne peut pas être universelle, ni même pourvoir, dans des groupements distincts, à tous les besoins de la vie sociale. Elle ne peut, quelque extension qu'on lui donne, suppléer au libre jeu des initiatives individuelles, dans l'accomplissement de toutes les tâches sociales. Quelque bienfaisants que soient ses effets, elle ne sera jamais le seul mode d'exercice de l'activité sociale. Tous les buts sociaux ne peuvent pas être remplis par elle. Un grand nombre d'entre eux sont, par leur nature même, plus sûrement atteints par les activités individuelles, et mieux garantis par l'organisation spontanée qui en résulte dans les sociétés bien réglées.

Mais si les plus ardents propagateurs de de l'œuvre coopérative peuvent s'en exagérer l'universalité et la puissance, les résultats immenses déjà acquis permettent d'affirmer que ses effets ne sont pas épuisés, et qu'elle est appelée à jouer encore un rôle plus important dans l'avenir. Au milieu de tous les rêves de rénovation et de réformes de toute sorte que notre siècle a vus éclore, la libre coopération est la seule expérimentation sociale qui ait été pleinement vérifiée et réussie ; et elle paraît encore, dans l'état actuel de la science, l'hypothèse la plus plausible pour la réalisation d'une rénovation, au moins partielle, de notre régime économique.

Si elle a pu éveiller, dans certains esprits, de trop vastes espérances, elle n'en paraît pas moins destinée à concourir, de la manière la plus efficace, à l'avancement du progrès humain et à apaiser, sinon à résoudre entièrement les conflits économiques les plus aigus du temps présent[1].

1. V. parmi les nombreuses publications auxquelles a donné lieu le mouvement coopératif : H. Crüger. *Die Erwerb-Wirthschafts Genossenschaften in den einzelnen Ländern* Iéna. J. Fischer. 1892. — Th. Hughues et Ed. Vansittart Neale. *A. Manual for Cooperation*. Manchester. 1888. — B. Potter. *Cooperative Movement in Great Britain*. Londres. 1891. — G. Tremerel. *Des Sociétés coopératives de consommation à l'étranger*. Paris. Girard. 1894. — Gide. *De la coopération* (Discours d'ouverture du Congrès international des sociétés coopératives de consommation). Larose et Forcel. 1889. — *La Coopération*. Conférences de propagande, 2e éd. Paris. 1906. — J. Girard. *Vers la solidarité pour les Coopératives de consommation*. Paris. 1904. — B. Lavergne. *Les Fédérations d'achat et de production des sociétés coopératives distributives*. Paris. 1908. — Protopopesco. *Coopérations et Sociétés coopératives*. Paris. 1908. (La Coopération dans différents pays, p. 158-223). — *Congrès coopératif tenu à Lyon les 28 et 29 sept. 1907*. Lyon. Au Sillon. « Les résultats matériels obtenus disait le rapporteur dans la première séance, expliquent les espérances hardies des coopératistes. Leur doctrine a, sur beaucoup d'autres, la supériorité d'une expérience heureuse. »

CHAPITRE III

CARACTÈRE FORMEL ET FORCE OBLIGATOIRE DES RÈGLES JURIDIQUES

I

CARACTÈRE FORMEL DU DROIT

C'est une marque caractéristique du droit qu'il n'a pas de puissance créatrice propre. Ce caractère fondamental des règles juridiques est souvent inaperçu, ou même méconnu. Il n'est presque jamais estimé à sa juste valeur ; et il importe d'autant plus de le mettre en lumière que sa méconnaissance est de nature à entraîner de graves erreurs, en législation et en doctrine.

Sans doute, les règles juridiques, une fois établies, par quelque voie que ce soit, par la coutume ou par la loi, ne demeurent pas sans influence sur le développement subséquent de la vie sociale et du droit. D'une part, en effet, ces règles, ou du moins les plus importantes d'entre elles, recèlent en elles une série de conséquences, ou appellent des compléments qui peuvent en être déduits par la logique et la technique législative ou juridique. Mais ces effets virtuels ou ces compléments de la règle, qui ne sont pas à dédaigner, et dont l'étude constitue une partie importante de la science juridique, ne sont pas à proprement parler, une création. C'est affaire de technique et de logique[1].

D'autre part, les règles juridiques, une fois constituées, s'incorporent à l'organisme social dont elles deviennent une partie intégrante. Elles ont, par la solidarité même qui unit tous les élements de cet organisme, une action plus ou moins grande, selon leur nature, sur les mutations futures. Sorties de l'évolution, elles deviennent, à leur tour, un facteur plus ou moins humble, plus ou moins élevé, du développement ultérieur de la vie. Mais cet autre pouvoir qu'elles exerçent, quoique plus réel

1. V. sur la technique juridique, dans son sens le plus large, l'ouvrage tout récent, très richement documenté, de M. F. Gény. *Méthode d'interprétation et sources en droit privé positif.* Paris, 1899.

que le premier, n'est encore qu'une action dérivée, une influence. Ce n'est pas une force créatrice propre.

Le droit ne trouve pas, en lui-même, la représentation des rapports sociaux qui forment la matière de ses prescriptions. Il ne crée, ni les intérêts matériels, ni les intérêts moraux, que ces rapports recouvrent. Ce n'est pas lui qui les produit, ni même qui exerce l'influence prépondérante sur leurs transformations successives. Sa fonction propre est de reconnaître et définir les relations de la vie dans lesquelles ces intérêts trouvent leur satisfaction la plus sûre et la plus large, et de garantir leur accomplissement paisible et régulier, par la force obligatoire qui s'attache à toutes ses déterminations.

C'est une des erreurs les plus funestes que de croire que tout l'ordre juridique peut-être changé, par la seule force de la loi. On le voit bien, lorsqu'on considère, dans l'histoire, la précarité des lois qui naissent, en si grand nombre, sous l'action des partis politiques, dans les périodes révolutionnaires. Celles-là seules ont duré, qui n'étaient pas sorties des conceptions spontanées et arbitraires du législateur, mais qui répondaient à des besoins, à des sentiments nouveaux, à des conditions nouvelles de la vie.

II

FORCE OBLIGATOIRE DES RÈGLES JURIDIQUES CONTRAINTE ET ASSENTIMENT MORAL

L'obligation qui s'attache aux règles de droit doit, pour avoir sa pleine efficacité, être pourvue de deux sanctions : la contrainte sous toutes ses formes; l'assentiment moral. La contrainte seule ne suffit pas. Elle est le complément de la règle et l'accompagnement naturel du droit, car il n'est pas de règle de conduite, quelque adhésion qu'elle obtienne, qui ne trouve des contrevenants; et il est indispensable que les infractions soient réprimées, pour que la règle conserve toute sa force. Mais il est non moins nécessaire, pour son fonctionnement normal et régulier, que les contrevenants ne représentent qu'une faible partie des membres de la communauté, et que la masse prête à l'ordre établi une soumission volontaire.

Les deux sanctions de la contrainte et de l'assentiment doivent donc concourir, pour la pleine exécution de la règle. Mais quoiqu'il en soit ainsi le plus souvent dans la pratique, et que l'une et l'autre de ces sanctions soient attachées au plus grand nombre des prescriptions du droit positif, l'une et l'autre, et parfois toutes les deux, peuvent leur manquer ; et elles ne sont pas la marque caractéristique et exclusive de ces prescriptions.

On a beaucoup disserté, et on dispute encore, sur le caractère distinctif des règles du droit positif et de celles de la morale, qui se touchent par tant de points. Cette distinction n'est manifestement pas dans l'assentiment moral ; car, cet assentiment est commun aux unes et aux autres, dans la plupart des cas. S'il accompagne toujours et nécessairement les règles de la morale, et s'il peut manquer à certaines prescriptions du droit, c'est que la réalisation pratique du droit positif deviendrait impossible, s'il fallait que chacune de ses prescriptions eût, à chaque moment de la vie sociale, le plein assentiment moral de tous les membres de la communauté, et si elle devait cesser d'être obligatoire, dès l'instant où elle aurait perdu cette sanction.

On est plus tenté de chercher la distinction entre la morale et le droit, dans la contrainte ou mieux encore, dans la coercibilité qui, entièrement étrangère à la morale, est, au contraire, liée étroitement à l'idée du droit ; et c'est là, en effet, que l'opinion commune voit généralement la différence entre les deux ordres de règles. Mais la contrainte, ou même la coercibilité, si indispensables qu'elles soient, d'une manière générale, à la réalisation pratique du droit, ne sont pas cependant attachées à toutes ses prescriptions.

Le seul signe, vraiment distinctif, de toutes les prescriptions du droit positif est dans la forme qui leur est donnée, et dans le processus par lequel elles sont arrivées à l'état d'une règle commune de conduite, reconnue et consacrée, par la voie de la coutume ou de la loi. C'est ce mode externe de formation, ce processus, coutumier ou légal, qui leur imprime le caractère de la positivité.

Lors donc que nous exigeons, pour la plus grande force obligatoire des règles juridiques, la double sanction de l'assentiment moral et de la contrainte, nous envisageons, comme nous l'avons fait dans la détermination du contenu de ces règles, non le droit positif, tel qu'il est, mais l'idéal vers lequel ce droit doit tendre pour réaliser, de la manière la plus parfaite, le véritable ordre juridique.

Envisagées à ce point de vue, les deux sanctions, matérielle et morale, que le droit comporte, lui sont également nécessaires. La sanction matérielle résultant de la contrainte, sous toutes ses formes, est incapable d'assurer, à elle seule, son entière réalisation.

Si essentielle que la coercibilité paraisse à l'idée du droit, la contrainte peut lui faire défaut, soit parce qu'elle a été omise par le législateur, soit parce qu'elle est, de fait, impossible à exercer, à raison de la nature spéciale des dispositions qu'il s'agit de sanctionner. Elle fait défaut, ou n'est organisée que d'une manière très imparfaite, dans le droit des gens et le droit ecclésiastique.

Elle manque à un assez grand nombre de dispositions du droit privé, et surtout du droit public.

Mais il y a plus; et si on pousse plus loin l'analyse, il est permis de dire, sans paradoxe, que le droit tout entier peut toujours être dépouillé de la sanction matérielle que le législateur a entendu lui assurer, et qui n'est que l'une, et non la seule des marques de son caractère obligatoire. L'exécution des règles du droit positif, même les mieux pourvues de sanction, n'est jamais entièrement assurée par la seule contrainte.

Le droit positif tout entier est, comme on l'a déjà remarqué, un ensemble complexe d'impératifs qui se conditionnent, s'appellent, se sanctionnent les uns les autres, mais qui aboutissent toujours à un dernier et suprême impératif dont la violation demeure elle-même sans sanction [1].

La prohibition d'un fait délictueux, par exemple, met en œuvre les impératifs qui prescrivent aux autorités administratives et judiciaires la recherche du fait et la mise en jugement du délinquant. La mise en jugement met en œuvre les impératifs qui prescrivent au juge de déclarer la culpabilité, et de faire l'application de la peine. La condamnation prononcée met en œuvre les impératifs qui s'adressent à l'autorité chargée de l'exécution. Tous ces impératifs eux-mêmes mettent en œuvre, pour le cas de leur inobservation, ceux qui s'adressent aux autorités supérieures de surveillance et de contrôle, chargées de rappeler les autorités inférieures à l'observation de leur devoir, en remontant, de degré en degré, jusqu'à l'autorité la plus élevée. Mais cette chaîne s'arrête à l'impératif adressé à cette dernière autorité, qui, étant le terme ultime de la série, n'est pas lui-même susceptible de sanction. Le fait délictueux, quelles que soient son importance et la gravité de la peine dont la loi l'a frappé, pourra donc toujours demeurer impuni.

1. A. Thon. *Rechtsnorm und subjectives Recht*. Weimar, 1878, p. 8.

Il en sera de même de toutes les dispositions sanctionnées par la loi, et même de celles qui concernent de simples droits privés, puisque l'exercice de ces droits, pour être assuré, exige toujours, en quelque mesure, le concours éventuel des organes de la puissance publique.

Un droit, quel qu'il soit, pourra donc toujours demeurer sans effet, par la défaillance du dernier et suprême impératif qui le sanctionne. Ce résultat se produira d'ailleurs, à des degrés divers de la série, et sans épuiser toute la chaîne des impératifs, s'il s'en trouve d'intermédiaires, adressés à des autorités à l'égard desquelles aucun contrôle n'est possible. C'est ce qui arrivera, par exemple, dans le cas de la poursuite d'un fait délictueux, devant un tribunal irresponsable quant à la déclaration de la culpabilité. Un accusé peut être acquitté, quoique manifestement coupable ; il peut être condamné, par des juges égarés ou prévenus, en pleine évidence d'innocence. Et ce ne sont pas là des hypothèses, de simples jeux d'esprit. On a vu, dans tous les temps, des droits éclatants méconnus et demeurés sans sanction, malgré toute la puissance coercitive que le législateur a attachée à la loi, par la défaillance des impératifs qui avaient pour objet d'en assurer l'exercice. Le droit tout entier, quelles que soient la variété et la rigueur de ses sanctions, ne peut donc se suffire, avec la seule contrainte. Son parfait accomplissement, impossible sans elle, n'est pleinement réalisé que par la force de l'assentiment moral qu'il obtient de ceux qui y sont soumis ou qui sont chargés d'en procurer l'exécution.

III

SOURCES DE L'ASSENTIMENT MORAL

L'assentiment moral vient au droit, de diverses sources, selon les temps.

Les docteurs du droit naturel ont prétendu le tirer du contrat social, diversement conçu. Ce contrat est, avec Hobbes, le théoricien de la force, le pacte par lequel les hommes, se constituant en société, ont convenu de faire cesser la guerre de nature, de tous contre tous, par la soumission à un maître absolu chargé de réfréner, par sa volonté souveraine, toutes les activités rivales concurrentes. C'est, avec l'École libérale de Rousseau, le pacte qui a érigé la volonté générale en législatrice souveraine.

Mais on n'a jamais vu, à l'origine d'aucune société, de pareils contrats; et l'assentiment vient au droit, par de tout autres voies. Tantôt cet assentiment est attaché au contenu du droit ; tantôt il dérive de la source d'où le droit émane, indépendamment de son contenu.

Dans les temps primitifs, c'est à l'autorité que l'assentiment s'adresse. Le droit est réputé émaner de la divinité, ou de grands ancêtres, ou d'hommes investis, dans le temps présent, par la croyance populaire, d'une mission divine ou quasi providentielle. La foi en l'action divine ou surnaturelle, la religion des ancêtres, sanctifient toutes les règles qui sortent de cette source; elles ne peuvent être que bonnes, justes, infaillibles.

C'est le plus haut degré de la force obligatoire du droit. L'assentiment qui lui est donné a la valeur d'un acte de foi. Il est semblable, et presque égal, à celui qui s'attache, pour les fidèles, aux commandements de l'Église, indépendant de leur contenu et résidant tout entier dans l'autorité dont ils dérivent.

Dans les stades plus avancés de l'évolution, c'est surtout au contenu du droit, aux intérêts dont il assure la protection, que l'assentiment s'adresse.

Ces deux sources de l'assentiment peuvent, il est vrai, être ramenées à une certaine unité, en ce que la croyance à l'infaillibilité de l'autorité, dans laquelle la communauté se repose, dans les premiers temps, ne s'y est définitivement assise que parce que cette autorité a donné une satisfaction suffisante aux intérêts communs, vrais ou supposés, en vertu de la réaction réciproque et inévitable de la croyance sur les intérêts, et des intérêts sur la croyance. Mais il n'en subsiste pas moins des différences essentielles, que nous avons signalées plus haut, quant à ces deux modes de formation de l'assentiment volontaire.

C'est par le premier mode que se sont accomplis les plus grands changements survenus dans l'histoire primitive des peuples. C'est l'époque légendaire du droit ; celle où il se confond avec la religion et la morale, où le législateur est le plus souvent, en même temps, pontife, prophète, roi, et impose ses prescriptions, comme des ordres émanés directement de l'autorité divine dont il n'est que l'interprète. Il semble alors que les institutions juridiques sont changées par la volonté souveraine d'un homme, sans le concours de la communauté. Mais ce n'est là qu'une vue superficielle des choses. L'assentiment moral nécessaire à la formation du droit va alors aux institutions, d'une autre manière qu'à l'âge de la critique ; mais loin de leur manquer, c'est dans cet état qu'il a son caractère le plus marqué d'universalité, de certitude et de force.

Cette conception de l'origine surnaturelle du droit s'affaiblit, elle ne disparaît pas, après sa séparation d'avec la religion et la morale. La croyance qui subsiste, à des degrés divers, dans l'institution divine du souverain législateur, donne longtemps encore à ses œuvres la force morale qui leur est nécessaire, par la vertu seule de leur origine. On retrouve, jusque dans notre temps, les échos affaiblis de cette croyance, chez les théoriciens de la monarchie de droit divin.

L'âge de la critique arrive cependant. On ne croit plus à l'origine surnaturelle du droit, ni à la mission divine du législateur, surtout de celui du temps présent. On discute la loi ; on y reconnaît des imperfections et des lacunes. On imagine qu'elle pourrait être différente. On oppose, au droit présent, un droit idéal meilleur. La communauté enfin perd, peu à peu et progressivement, sa foi dans l'infaillibilité du législateur et de ses œuvres.

Dans ce nouvel état, l'assentiment moral, toujours indispensable au droit, ne dérivant plus de sa seule origine et de l'autorité d'où il émane, ne peut aller désormais qu'à son contenu. Il n'est dès lors acquis au droit, que si la valeur intrinsèque de ce contenu satisfait aux intérêts matériels et moraux de la communauté tout entière.

CONCLUSION

I. L'UTILITÉ. LE BIEN COMMUN. — II. LA CONSERVATION ET LE PROGRÈS DE LA VIE. — III. LA RECHERCHE ET L'INVENTION LÉGISLATIVES.

I

La conception de la formation historique du droit, que nous avons développée dans les chapitres qui précèdent, a montré, à côté des éléments matériels qui forment la trame la plus visible et la plus dense de l'ordre juridique, les éléments idéaux moins apparents qui y sont toujours associés, et qui résident, pour la plus grande part, dans les sentiments collectifs et les croyances communes.

Toutes les règles et les institutions juridiques faites pour durer, ont été déterminées, dans l'ensemble d'un droit quelconque, d'une part, par les conditions positives de la vie, et, d'autre part, par les états successifs de la conscience sociale.

Ce sont ces deux éléments, générateurs des fins sociales, anciennes et nouvelles, qui, après avoir fondé un certain ordre juridique, provoquent, par leurs changements, ses transformations successives. Ce sont eux qui ont inspiré, d'une manière plus ou moins consciente, les trouveurs de la coutume aussi bien que les inventeurs de la loi.

Nous ne voulons pas dire par là que le droit positif ait été, partout et toujours, dans une harmonie parfaite avec la conscience collective. Il peut se faire qu'il soit parfois, au contraire, en opposition flagrante avec elle. Le législateur peut la méconnaître, par erreur, ou la répudier parce qu'il la croit mal informée, ou bien encore, ce qui arrive le plus souvent, il peut la trahir dans des vues intéressées. Mais ces cas exceptionnels ne doivent pas voiler à nos yeux et nous empêcher de reconnaître le rapport normal, qui est la conformité de la conscience sociale et du droit. Ce rapport est, quelles que puissent être ses déviations dans des cas particuliers, pratiquement observé, dans l'ensemble de tout droit ayant vécu et régi une société d'hommes, pendant une période de temps de quelque étendue.

Le législateur n'est pas d'ailleurs asservi à tous les états quelconques de cette conscience commune, forts ou faibles, définis ou indéterminés, qui ne l'obligent pas à un égal degré. Il en est l'interprète autorisé, sous ses deux aspects de la tradition et du progrès. Il reconnaît les parties caduques prêtes à disparaître, et les parties nouvelles en voie de formation et de croissance. Il peut, sans la trahir ni la méconnaître, la dégager des éléments confus au milieu desquels se préparent et s'élaborent ses transformations futures. Sorti de la nation, il est nécessairement imbu des croyances fixées, par la tradition, chez tous les membres de la communauté; c'est le fond d'habitudes mentales sans lesquelles aucune vie individuelle ou collective n'est possible. Mais cette conscience commune n'est pas figée dans la tradition, elle est un produit vivant qui s'accroît et se renouvelle. Le législateur est le témoin des apports nouveaux que lui font les conditions nouvelles de la vie, le progrès des connaissances, les inventions de toute sorte, scientifiques, industrielles, politiques, morales. Il dégage du mouvement tumultueux de l'opinion, du choc des idées, des partis, les directions, les tendances nouvelles en germe dans le corps social. Il combine librement tous les éléments, traditionnels et progressifs, de cette conscience commune pour y reconnaître les fins nouvelles dont il doit assurer la réalisation.

La conscience commune n'est pas le seul phénomène psychique qui se manifeste dans une grande collectivité. Des centres, des groupements locaux ou professionnels, des partis, des classes, se forment dans une nation, et les intérêts similaires qui les unissent font naître des croyances, des sentiments, des vouloirs, qui leur sont propres. Il y a donc des consciences particulières de classes, de partis, d'unions, de groupements divers, auxquelles on donne, dans la langue courante même, les noms de conscience de classe, conscience professionnelle, ou d'autres semblables[1].

Ces consciences particulières peuvent s'accorder avec la conscience commune ; mais elles peuvent aussi être dans une opposition plus ou moins forte avec elle. Elles doivent, nécessairement lui être subordonnées, dans les cas de conflit.

On parle souvent d'une conscience de classe, et on l'invoque non seulement pour entretenir ce qu'on appelle la lutte de classes, mais aussi pour justifier la réalisation éventuelle, par la

1. G. Schmoller. *Principes de l'économie politique*, trad. par G. Platon. Paris 1905, p. 40 et s. : Les cercles de conscience et les forces collectives.

contrainte légale, de réformes profondes dans l'organisation sociale. On ne s'attarde pas à rechercher s'il n'y a pas une conscience commune contraire ; et même si on en reconnaît l'existence, c'est au nom seul de la conscience de classe que l'on entend imposer les réformes qu'on réclame.

Mais c'est là une conception révolutionnaire, et la négation même du droit. Une conscience de classe n'a aucun titre pour faire régler, par la contrainte, selon ses intuitions, les rapports externes des membres de la communauté, précisément parce qu'elle n'est qu'une conscience de classe. Ce n'est que lorsqu'elle aura pénétré la conscience commune, et cessé ainsi d'être une conscience particulière de classe, qu'elle pourra légitimement s'imposer au législateur dans l'accomplissement de son œuvre.

C'est la conscience commune que le législateur doit prendre en considération. Elle est pour lui, selon son caractère plus ou moins défini, selon son degré de certitude et de force, dans les cas où elle se manifeste, un élément plus ou moins important, mais toujours nécessaire de ses déterminations ; et ces cas sont précisément les plus graves, et ceux qui affectent le plus la généralité des membres de la communauté.

Cette relation de la conscience sociale avec l'ordre juridique, pleinement reconnue par l'État historique qui l'a seulement exagérée, se révèle, quoique d'une manière imparfaite, dans la spécification même qui est faite par la doctrine utilitaire, dans son dernier état, de l'utilité générale, comme principe moderne du droit.

On entend par là, l'utilité qui n'est celle, ni d'un homme, ni d'une classe, ni d'un parti, mais l'utilité de tous.

D'où tire-t-on le principe ainsi défini?

On ne peut pas y voir une vérité *a priori*. On ne peut en faire davantage une vérité d'expérience, un produit de l'histoire.

Ce n'est pas l'utilité générale, telle que nous venons de la définir, qui a été, dans l'histoire, le principe du droit. C'est l'utilité sociale, bien ou mal comprise, selon les temps et les lieux.

Dans un gouvernement despotique, le législateur ne comprend l'utilité sociale qu'avec les pouvoirs du souverain les plus illimités ; et cette conception est partagée par la masse des sujets s'il s'agit d'un gouvernement traditionnel et solidement établi. Il en est de même, dans tous les régimes oligarchiques, plus ou moins tempérés, qui ont toujours vu l'utilité, dans une large mesure, à travers les intérêts particuliers de la classe gouvernante et dans la protection primordiale de ces intérêts, au préjudice même de la masse. L'esclave, dans la société antique, n'avait, pas plus que son maître, la notion d'un droit à la liberté individuelle, telle que nous l'entendons aujourd'hui. Il pouvait regretter sa condition, et souhaiter d'en sortir ; il ne blâmait nullement l'état social qui l'y avait fait naître ; il n'en imaginait pas d'autre. Il en était de même des serfs du Moyen-Age, lorsque de trop dures oppressions ne venaient exceptionnellement les acculer à la révolte, par l'impossibilité de vivre. Platon a pu sortir de toute réalité, pour construire, sa chimérique république idéale ; il n'a pas su s'affranchir assez de l'esprit de son temps, pour sentir l'injustice de l'institution servile. Dans les régimes de castes, l'homme des plus basses castes est, mieux encore que les esclaves de la société antique, dans des sentiments conformes à la condition inférieure dans laquelle sa naissence l'a placé.

Le principe de l'utilité, définie dans le sens de l'utilité de tous, en implique en réalité un autre. Il dérive de l'idée de l'égalité, de l'égale valeur des personnes. Or, cette idée est surtout un produit de la pensée philosophique, qui s'est réalisée d'abord imparfaitement dans la suppression de l'esclavage, puis progressivement et d'une manière plus complète, dans l'abolition des privilèges et la proclamation du dogme de l'égalité devant la loi.

L'utilité générale, prise comme le principe moderne du droit, ne peut d'ailleurs être fondée sur la seule considération du traitement égal de tous; elle doit l'être aussi nécessairement, en fonction des idées de liberté, de responsabibité, en un mot de toutes les notions morale et de justice auxquelles la conscience commune assigne un rang plus élevé, une valeur sociale supérieure dans la conception idéale que la communauté se fait de la vie.

Cette détermination de l'utilité ne donne pas seulement son caractère vrai à l'utilité générale; elle rend encore son application plus facile et plus sûre. Il semble que la considération de l'utilité pure soit la règle la plus simple pour fonder tout le droit sur une base rationnelle; mais ce n'est qu'une apparence. Il y a dans les questions, grandes ou petites, que soulève le vaste problème de la législation, des cas où des considérations d'utilité contradictoires, des intérêts divergents, élèvent une sorte de conflit de l'utile avec l'utile, et ne permettent pas de voir clairement où se trouve l'utilité véritable.

C'est la confrontation de l'utilité avec la conscience sociale qui peut seule régler ces conflits que les systèmes purement utilitaires ne résolvent qu'en s'en référant, au moins tacitement, à d'autres principes.

L'utilité générale n'est vraie que si elle est ainsi entendue; mais elle associe alors au principe de l'utilité des éléments étrangers, et elle perd son caractère spécifique.

Le nom du bien commun est celui qui conviendrait le mieux au principe du droit, ainsi défini, si on veut le ramener à l'unité verbale la plus compréhensive et la plus large, et le dégager, en même temps, des équivoques qui s'attachent toujours à l'idée de la simple utilité.

Mais quel que soit le nom sous lequel on renferme les éléments si complexes et si variés de l'ordre juridique, on ne doit pas oublier qu'il ne s'agit toujours là que de généralisations empreintes d'une grande indétermination et susceptibles de recevoir les significations les plus diverses. Il faut, pour leur donner un sens, reconnaître et définir toute la réalité qu'elles sont appelées à recouvrir.

Or, il n'y a qu'une réalité assez vaste et assez complexe pour remplir toute la matière du droit et pour lui assigner, en même temps, son but le plus général et le plus vrai. C'est la vie.

Lorsqu'on descend, de l'une de ces grandes généralisations par lesquelles on exprime le principe du droit, à des applications concrètes, c'est toujours de l'une des formes de la vie sociale, matérielle et économique, intellectuelle et affective, qu'il s'agit, et de leur développement harmonique dans la vie individuelle, familiale ou collective.

C'est la conservation, l'entretien et l'accroissement de la vie sociale, dans toutes ses formes, déterminées par les conditions positives de l'existence, nécessaires ou tenues pour telles, dans un temps donné, et les états concomitants de la conscience sociale, qui constituent le but universel du droit, le principe directeur de toute sa formation.

II

Cette notion du droit, en harmonie avec sa destination et son mode de formation, a des rapports qui demandent à être precisés avec les théories de l'école historique, et avec celles de l'école utilitaire, qu'elle ramène à l'unité en les combinant dans leurs éléments vrais.

Elle affirme, d'une part, avec l'école historique, l'autorité d'une conscience sociale. Mais elle n'en fait pas comme elle, une entité mystérieuse d'où sort, comme par une génération spontanée, tout le contenu du droit. Elle y voit la réalité sociale des sentiments, des croyances, des vouloirs communs, qui règnent dans une société donnée. Ces croyances, ces sentiments, ces vouloirs internes qui sont, en fait, presque toujours, des facteurs puissants, quoique souvent inaperçus, des fins juridiques et de la formation du droit, en sont aussi les facteurs légitimes.

Leur autorité dérive de celle qu'une communauté autonome reconnaît à la généralité de ses membres, et a le même fondement que la volonté générale, qui n'est la volonté générale vraie, que si elle est en accord avec cette conscience commune.

Cette notion du droit assigne, d'autre part, avec l'école utilitaire, à la finalité, le rôle nécessaire et prépondérant qui lui appartient, dans tout l'ensemble de la formation du droit; mais elle ne se confond pas avec elle. Elle ne s'en distingue pas seulement par sa spécification de la conscience sociale et de sa relation avec le droit, que l'utilitarisme courant méconnaît.

Elle donne encore à l'utilité un sens mieux défini et plus vrai.

Elle pose, comme fin suprême de la conduite, non le bonheur proprement dit, mais le plus grand bien de la vie. Comme l'a remarqué Darwin, le bonheur est plutôt la sanction que le motif de la conduite, quoique ces deux termes se confondent dans une certaine mesure. Toutes nos actions ne procèdent pas toujours de l'attente d'un plaisir, présent ou futur. Les motifs de la conduite sont pris, avant tout, dans la satisfaction de tous les besoins de notre nature, dans l'exercice normal de toutes les activités vitales.

Si, en règle générale, le plaisir accompagne régulièrement l'exercice normal de ces activités, et si, à l'inverse, la douleur accuse habituellement un arrêt, une diminution, un recul de la vie, ce rapport n'est pas constant.

Des plaisirs réels, loin de favoriser la vie, peuvent lui être contraires; et réciproquement des douleurs et des peines peuvent être salutaires, et même nécessaires à la vie. Et ces effets anormaux s'observent également, dans l'individu et dans le corps social.

Dans les cas mêmes où le rapport normal se manifeste, l'intensité du bien ou du mal produit par l'action n'est pas toujours proportionnée à l'intensité du plaisir ou de la peine qui l'accompagne.

Enfin, il est un grand nombre d'actions, indifférentes au point de vue de la sensibilité, en ce qu'elles s'accomplissent sans aucun sentiment correspondant de plaisir ou de peine, qui ont néanmoins une importance capitale pour la conservation et l'entretien de la vie.

Le bien sensible et le bien réel ne coïncident donc pas toujours. C'est le bien réel que notre principe donne pour règle de la conduite.

Notre principe reconnaît encore et affirme la solidarité nécessaire qui unit les divers états de la vie, en les harmonisant dans la considération de l'ensemble.

Le bien réel de la vie ne se compose pas, dans la société comme dans l'individu, d'états isolés et passagers, mais d'états d'ensemble et permanents, qui doivent être appréciés dans leur liaison avec la totalité des modalités de la vie.

C'est une erreur grave, qui a été commune à de grands esprits, de ne considérer, dans leur conception des diverses phases de l'évolution sociale, ou dans leurs constructions théoriques idéales, qu'un des aspects de la vie, et principalement la vie matérielle et économique, ou la vie intellectuelle, en faisant abstraction de toutes les autres.

Ces vues systématiques et absolues ont été portées à leur plus haut degré, dans le matérialisme historique, qui subordonne à la seule évolution économique, l'évolution entière de la vie sociale.

De tels systèmes, qui séduisent, par leur simplicité et leur rigueur apparentes, peuvent avoir une grande importance pour l'avancement des réformes sociales, en mettant en pleine lumière, des côtés défectueux, laissés jusqu'alors dans l'ombre, de telle ou telle modalité de la vie, et exercer une influence analogue à celle qu'ont eue, dans le passé, les théories du droit naturel, qu'elle qu'ait pu être leur valeur propre.

Mais ils ne présentent qu'une face de la réalité, et font violence à la nature des choses.

Cette notion du droit enfin ne prête pas aux équivoques et aux confusions, auxquelles donne lieu celle de l'utilité.

On comprend aisément ce qu'il faut entendre par la conservation de la vie. C'est l'ordre. C'est la protection et la garantie, sous la moindre contrainte, de tous les biens de la vie. C'est là de beaucoup la fonction la plus importante du droit.

L'accroissement, c'est le progrès. C'est l'accroissement de la vie, en intensité, par la plus grande production de ses biens, matériels, intellectuels et moraux, et en extension par leur répartition la plus large.

La vie rêvée par les utopistes, constructeurs de cités imaginaires, serait une vie affranchie de toute contrainte, et pourvue de tous les biens par une distribution égale aux besoins de tous.

Mais c'est là une conception chimérique quoique toujours renaissante. Un ordre juridique et une contrainte légale seront toujours nécessaires, et la production des biens de la vie sera toujours limitée. La distribution illimitée, égale aux besoins de tous, est manifestement irréalisable. La distribution, égale et limitée, ne l'est pas moins, par l'effet de nécessités matérielles et morales résultant des conditions de la production des richesses et de celles de la coopération sociale[1].

Des nécessités pareilles dominent, à des degrés divers, tout l'ensemble de la vie sociale.

1. M. Edmond Picard dans son *Droit pur*, qui est cependant une œuvre de juriste, donne encore, quoique avec certaines atténuations et corrections, la maxime « à chacun selon ses besoins », comme l'un des membres de ce qu'il appelle *le tétragramme* de la justice. E. Picard, *Le droit pur*. Paris, 1908 p. 328.

Elles dérivent des conditions immuables de la vie qui échappent à l'action du législateur, soit que leur immutabilité résulte de nécessités absolues et permanentes, inhérentes à la nature des choses, soit qu'elle résulte de nécessités relatives et temporaires, ou des états intangibles, dans un temps donné, de la conscience commune.

Ce sont elles qui substituent, aux fins idéales, les fins pratiques réalisables, parfois très distantes les unes des autres, et qui déterminent les formes spécifiques de la vie juridique à chaque époque.

S'il fallait résumer, dans une unique formule, tous ces éléments si complexes de la formation interne et progressive du droit, nous dirions que le principe directeur de cette formation réside dans la garantie, sous la moindre contrainte, par des règles de conduite juridiquement obligatoires, de la conservation, de l'entretien et de l'accroissement de la vie sociale, en intensité par la plus grande production de ses biens, et en extension par leur distribution la plus large; dans les formes déterminées par les conditions de l'existence, nécessaires ou tenues pour telles, dans un temps donné, et par les états intangibles, dans le même temps, de la conscience commune.

III

Le progrès ne peut se réaliser, dans le domaine juridique, que par des réformes qui sortent, non de conceptions abstraites et *a priori*, mais des fins nouvelles nées de l'évolution des conditions de la vie et des besoins nouveaux, ou nouvellement sentis, qu'elles ont pour but de satisfaire.

Les plus importantes, conçues presque toujours par une élite, sont souvent lentes à se faire accepter et ne pénètrent la conscience commune qu'après une propagande plus ou moins longue, par la discussion publique, dans la presse, dans les livres ou les écrits de toutes sortes, et par la parole, dans les formes multiples et si puissantes de sa manifestation. Elles sont ensuite portées devant le législateur qui en fait l'objet d'une délibération réfléchie, réglée par la procédure, bien imparfaite encore, des assemblées parlementaires.

Cette délibération doit être elle-même l'objet d'une enquête préparatoire, très utile, sinon toujours indispensable, dans une bonne méthode législative.

La législateur qui se proposera de modifier

une institution, une règle juridique quelconque, devra, pour donner un fondement solide à sa réforme, se livrer à une étude préalable des origines de la règle qu'il s'agit de modifier, de son état actuel, et de la manière dont elle est appliquée, des changements dans les conditions de la vie et des circonstances de toute nature qui peuvent justifier son abrogation ou sa modification, et employer, à cet effet, tous les moyens d'investigation dont il dispose.

L'expérience serait la meilleure épreuve à faire subir à la réforme. Mais l'expérimentation proprement dite est à peu près irréalisable. La seule investigation possible, sous ce rapport, serait, dans certains cas, l'emploi de moyens d'expérimentation indirecte, spéciaux et limités dans leur champ d'application[1].

La législation des pays étrangers, rentre, en quelque mesure, dans le domaine de l'expérience. Elle devra toujours être consultée; mais il faudra l'apprécier avec un discernement qui n'y est pas toujours apporté dans la pratique, et tenir compte des circonstances différentes, parfois essentielles, tirées des mœurs, des traditions, des coutumes, des lois, et aussi de l'esprit,

1. V. sur cet intéressant sujet, Léon Donnat. *La Politique expérimentale.* Paris 1885.

du caractère national des peuples dont on compare les institutions et les lois.

Ce sont les réformes partielles et progressives qui constituent l'expérimentation sociale la plus sûre, parce que ce sont celles dont les effets peuvent être prévus avec le plus de certitude, et, si le législateur s'est trompé, corrigés le plus aisément, et avec le moindre trouble pour la vie juridique. Ce sont aussi celles qui rendent plus faciles les adaptations de la législation nouvelle à celle qu'elles tendent à remplacer, et ménagent le mieux les transisions nécessaires.

Nous avons distingué, dans la vie sociale, ses formes diverses, non pour les isoler, mais pour affirmer que le bien de la vie les comprend toutes, quelle que soit leur importance respective, sans en négliger aucune.

Ces distinctions, et les nombreuses subdivisions dont elles sont encore susceptibles, sont faites surtout pour guider la recherche.

Il sera utile, pour l'appréciation d'une règle juridique, de rechercher, d'abord et principalement, à prévoir ses effets sur le mode de la vie auquel elle se rattache le plus directement. Mais cette recherche, quelle que soit son importance, ne suffira pas pour la détermination sûre et complète de la règle.

Il faudra ensuite la confronter, dans sa formule provisoire, avec toutes les autres formes de la vie, pour s'efforcer de prévoir les effets réflexes qu'elle pourra produire dans ces domaines séparés [1].

Il ne suffit pas qu'une réforme soit désirée; il faut qu'elle soit possible, et qu'on emploie des moyens propres à la réaliser. Le législateur devra donc s'enquérir des nécessités, naturelles, ou économiques et sociales, temporaires ou permanentes, qui seraient de nature à y mettre obstacle, ou à empêcher de se produire les effets qu'on en attend.

C'est là une considération très importante, et qui est perdue de vue, non seulement par les utopistes et les réformateurs absolus, mais aussi et trop souvent par les organes autorisés

1. Un auteur qui a fait une étude systématique de la propriété individuelle au point de vue de l'utilité purement économique, M. Landry, a bien reconnu cette interdépendance des diverses modalités de la vie. Après avoir fait une démonstration qu'il croit, à tort selon nous, décisive, de la supériorité, sous ce rapport, de la propriété collective sur la propriété individuelle, il déclare cependant qu'il ne se croit pas autorisé, par les résultats de cette recherche, à proclamer définitivement la première préférable à la seconde et à réclamer l'abolition de la propriété privée, parce qu'à côté des fins économiques, qu'il a seules considérées, il y a des fins intellectuelles, morales, esthétiques, et qu'il pourrait se faire que le régime individualiste, permît, mieux que l'autre, de réaliser ces fins. A. Landry. *L'Utilité sociale de la propriété individuelle*. Paris, 1901, p. 408.

de la législation positive. Ces nécessités sont une barrière imposée, sinon aux désirs humains du moins à leur réalisation, et une limite aux pouvoirs du législateur ; et c'est la méconnaissance de ces nécessités et de cette limite, qui laisse venir au jour des lois non viables, ou qui, loin de procurer les résultats qu'on en espère, en donnent de tout différents ou même de contraires.

Cette enquête générale et tout ce travail préparatoire seront nécessaires pour mettre le législateur en état de discerner les effets présumés, favorables ou nuisibles, attachés à la loi nouvelle et à celle qu'il s'agit de réformer, presque toujours mélangés à quelque degré, d'instituer une comparaison entre ces biens et ces maux, et de donner la préférence à la loi qui sera la plus propre à procurer les premiers et à faire disparaître ou atténuer les seconds.

On a beaucoup critiqué, dans la morale de Bentham, sa discussion utilitaire des plaisirs et des peines, surtout à cause de l'illusion, qu'il se faisait, de lui donner les formes rigides et la précision d'un calcul en quelque sorte mathématique, qui sont incompatibles avec une telle recherche.

Mais cette recherche, en elle-même, et par

des moyens mieux appropriés, non des plaisirs et des peines, mais des biens et des maux réels qu'une réforme peut entraîner après elle, n'en est pas moins fondamentale en législation.

C'est elle qui est, en fait, à la base de toutes les discussions législatives, et des décisions qui les suivent, lorsque les vues intéressées des partis et les passions politiques ne viennent pas, comme il arrive trop souvent, en altérer les résultats.

Cette confrontation et cette discussion des effets des réformes proposées, qu'il s'agisse d'une institution grande ou petite, ou d'une règle juridique quelconque, se font par l'appréciation des rapports de ces mesures avec la conservation et le progrès de tout l'ensemble de la vie sociale, et avec les données de la conscience commune.

C'est cette détermination de la totalité des effets présumés de la réforme, et du résultat final qui pourra en ressortir dans toutes les modalités de la vie, qui permettra de prendre sur elle, avec le plus haut degré de certitude possible, une décision rationnelle, et de porter un jugement définitif valable sur l'abrogation ou le maintien de la règle juridique existante, comme aussi sur le contenu de celle qui pourrait la remplacer.

Cette méthode, qui pourrait fournir une ample matière à de plus longs développements, est toute positive, et fondée sur l'observation critique du passé et du présent, et les inductions légitimes qu'on en peut tirer pour l'avenir.

C'est une branche très importante de l'art de la législation, trop négligée jusqu'ici, qui mériterait d'être traitée séparément, et dont nous n'avons pu qu'indiquer les lignes principales, dans cette rapide esquisse.

TABLE DES MATIÈRES

PREMIÈRE PARTIE

L'ÉCOLE HISTORIQUE

Pages.

DEUXIÈME PARTIE

LA FINALITÉ DANS LE DROIT

TROISIÈME PARTIE

L'ÉVOLUTION ET LA FORMATION HISTORIQUE DU DROIT

Paris. — Typ. PH. RENOUARD, 19, rue des Saints-Pères. — 2845

LIBRAIRIE FÉLIX ALCAN

FÉLIX ALCAN ET R. LISBONNE, ÉDITEURS

EXTRAIT DU CATALOGUE

PHILOSOPHIE — HISTOIRE — SCIENCES — MÉDECINE
ECONOMIE POLITIQUE — STATISTIQUE — FINANCES

TABLE DES MATIÈRES

PARIS

108, BOULEVARD SAINT-GERMAIN, 108 (6e)

—

MARS 1913

BIBLIOTHÈQUE
DE PHILOSOPHIE CONTEMPORAINE

VOLUMES IN-16.

Brochés, 2 fr. 50.

Derniers volumes publiés :

A. Bauer.
La conscience collect. et la morale.
G. Bohn.
Nouvelle psychologie animale.
G. Bonet-Maury.
L'unité morale des religions.
J. Bourdeau.
La philosophie affective.
Dugas et Moutier.
La dépersonnalisation.
Emerson.
Essais choisis.
L. Estève.
Une nouv. psychol. de l'impérialisme : Ernest Seillière.
R. Eucken.
Sens et valeur de la vie.
H. Höffding.
Jean-Jacques Rousseau.
A. Joussain.
Esquisse d'une philos. de la nature.
J. M. Lahy.
La morale de Jésus.
F. Le Dantec.
Le chaos et l'harmonie universelle.
E. Le Roy.
Une philos. nouv. : H. Bergson. 3e éd.
E. Lichtenberger.
Le Faust de Gœthe.
W. Ostwald.
Esquisse d'une philos. des sciences.
Parisot et Martin.
Les postulats de la pédagogie.
E. de Roberty.
Concepts de la rais. et lois de l'univ.
J. Rogues de Fursac.
L'avarice.
Schopenhauer.
Philos. et science de la nature.
Fragments sur l'hist. de la philos.
Sur les apparitions, et opusc. div.
J. Segond.
Cournot.
L'intuition bergsonienne.
F. Simiand.
Méth. positive en science écon.
P. Sollier.
Morale et moralité.
M. Winter.
La méthode dans la phil. des math.

Alaux.
Philosophie de Victor Cousin.
R. Allier.
Philosophie d'Ernest Renan. 3e éd.
L. Arréat.
La morale dans le drame. 3e édit.
Mémoire et imagination. 2e édit.
Les croyances de demain.
Dix ans de philosophie (1890-1900).
Le sentiment religieux en France.
Art et psychologie individuelle.
G. Aslan.
Expérience et Invention en morale.
Avebury (J. Lubbock).
Paix et bonheur.
J. M. Baldwin.
Darwinisme dans les sc. morales.
G. Ballet.
Langage intérieur et aphasie. 2e éd.
A. Bayet.
La morale scientifique. 2e édit.
Beaussire.
Antécédents de l'hégélianisme.
Bergson.
Le rire. 8e édit.
Binet.
Psychologie du raisonnement. 5e éd.
Hervé Blondel.
Les approximations de la vérité.
C. Bos.
Psychologie de la croyance. 2e éd.
Pessimisme, féminisme, moralisme.
M. Boucher.
Essai sur l'hyperespace. 2e éd.
C. Bouglé.
Les sciences sociales en Allemagne.
Qu'est-ce que la sociologie? 2e éd.
J. Bourdeau.
Les maîtres de la pensée. 6e éd.
Socialistes et sociologues. 2e édit.
Pragmatisme et modernisme.
E. Boutroux.
Conting. des lois de la nature. 7e éd.

Brunschvicg.
Introd. à la vie de l'esprit. 3e éd.
L'idéalisme contemporain.

C. Coignet.
Protestantisme français au XIXe siècle

G. Compayré.
L'adolescence. 2e édit.

Coste.
Dieu et l'âme. 2e édit.

Em. Cramaussel.
Le premier éveil intellectuel de l'enfant. 2e édit.

A. Cresson.
Bases de la philos. naturaliste.
Le malaise de la pensée philos.
La morale de Kant. 2e éd.

G. Danville.
Psychologie de l'amour. 5e édit.

L. Dauriac.
La psychol. dans l'opéra français.

J. Delvolvé.
L'organisation de la conscience morale.
Rationalisme et tradition. 2e édit.

G. Dromard.
Les mensonges de la vie intérieure.

L. Dugas.
Psittacisme et pensée symbolique.
La timidité. 6e édit.
Psychologie du rire. 2e édit.
L'absolu.

L. Duguit.
Le droit social, le droit individuel et la transformation de l'État. 2e éd.

G. Dumas.
Le sourire.

Dunan.
Théorie psychologique de l'espace.
Les deux idéalismes.

Duprat.
Les causes sociales de la folie.
Le mensonge. 2e édit.

E. Durkheim.
Les règles de la méthode sociol. 6e éd.

E. d'Eichthal.
Corr. de S. Mill et G. d'Eichthal.
Pages sociales.

Encausse (Papus).
Occultisme et spiritualisme. 3e éd.

A. Espinas.
La philos. expériment. en Italie.

E. Faivre.
De la variabilité des espèces.

Ch. Féré.
Sensation et mouvement. 2e édit.
Dégénérescence et criminalité. 4e éd.

E. Ferri.
Les criminels dans l'art.

Fierens-Gevaert.
Essai sur l'art contemporain. 2e éd.
La tristesse contemporaine. 5e éd.
Psychol. d'une ville. Bruges. 3e éd.
Nouveaux essais sur l'art contemp.

M. de Fleury.
L'âme du criminel. 2e éd.

Fonsegrive.
La causalité efficiente.

A. Fouillée.
Propriété sociale et démocratie. 4e édit.

E. Fournière.
Essai sur l'individualisme. 2e édit.

Gauckler.
Le beau et son histoire.

G. Geley.
L'être subconscient. 3e édit.

J. Girod.
Démocratie, patrie et humanité.

E. Goblot.
Justice et liberté. 2e édit.

A. Godfernaux.
Le sentiment et la pensée. 2e édit.

J. Grasset.
Les limites de la biologie. 6e édit.

G. de Greef.
Les lois sociologiques. 4e édit.

Guyau.
La genèse de l'idée de temps. 2e éd.

E. de Hartmann.
La religion de l'avenir. 7e édition.
Le darwinisme. 9e édition.

R. C. Herckenrath.
Probl. d'esthétique et de morale.

Marie Jaëll.
L'intelligence et le rythme dans les mouvements artistiques.

W. James.
La théorie de l'émotion. 4e édit.

Paul Janet.
La philosophie de Lamennais.

Jankelevitch.
Nature et société.

A. Joussain.
Le fondem. psych. de la morale.

N. Kostyleff.
La crise de la psych. expérim.

J. Lachelier.
Du fondement de l'induction. 6e éd.
Études sur le syllogisme.

C. Laisant.
L'éduc. fondée sur la science. 3e éd.

Mme Lampérière.
Le rôle social de la femme.

A. Landry.
La responsabilité pénale.

Lange.
Les émotions. 4e édit.

Lapie.
La justice par l'État.
Laugel.
L'optique et les arts.
Gustave Le Bon.
Lois psychol. de l'évol. des peuples. 11e éd.
Psychologie des foules. 18e éd.
F. Le Dantec.
Le déterminisme biologique. 3e éd.
L'individualité et l'erreur individualiste. 3e édit.
Lamarckiens et darwiniens. 4e éd.
G. Lefèvre.
Obligation morale et idéalisme.
Liard.
Les logiciens anglais contem. 5e éd.
Définitions géométriques. 3e édit.
H. Lichtenberger.
La philosophie de Nietzsche. 13e éd.
Aphorismes de Nietzsche. 5e éd.
O. Lodge.
La vie et la matière. 2e édit.
John Lubbock.
Le bonheur de vivre. 2 vol. 11e éd.
L'emploi de la vie. 8e édit.
G. Lyon.
La philosophie de Hobbes.
E. Marguery.
L'œuvre d'art et l'évolution. 2e édit.
Mauxion.
L'éducation par l'instruction. 2e éd.
Nature et éléments de la moralité.
P. Mendousse.
Du dressage à l'éducation.
G. Milhaud.
Les conditions et les limites de la certitude logique. 3e édit.
Le rationnel.
Mosso.
La peur. 4e éd.
La fatigue intellect. et phys. 6e éd.
E. Murisier.
Les mal. du sent. religieux. 3e éd.
Max Nordau.
Paradoxes psychologiques. 7e éd.
Paradoxes sociologiques. 6e édit.
Psycho-physiologie du génie. 5e éd.
Novicow.
L'avenir de la race blanche. 2e édit.
Ossip-Lourié.
Pensées de Tolstoï. 3e édit.
Philosophie de Tolstoï. 2e édit.
La philos. soc. dans le théât. d'Ibsen. 2e édit.
Nouvelles pensées de Tolstoï.
Le bonheur et l'intelligence.
Croyance relig. et croy. intellect.
G. Palante.
Précis de sociologie. 5e édit.
La sensibilité individualiste.
D. Parodi.
Le probl. moral et la pensée contemp.
W. R. Paterson (Swift).
L'éternel conflit.
Paulhan.
Les phénomènes affectifs. 3e édit.
Psychologie de l'invention. 2e édit.
Analystes et esprits synthétiques.
La fonction de la mémoire.
La morale de l'ironie.
La logique de la contradiction.
Péladan.
La phil. de Léonard de Vinci.
J. Philippe.
L'image mentale.
J. Philippe et G. Paul-Boncour.
Les anomalies mentales chez les écoliers. 2e édit.
L'éducation des anormaux.
F. Pillon.
La philosophie de Charles Secrétan.
Pioger.
Le monde physique.
L. Proal.
L'éducation et le suicide des enfants.
Queyrat.
L'imagination chez l'enfant. 4e édit.
L'abstraction. 2e édit.
Les caractères et l'éduc. morale. 4e éd.
La logique chez l'enfant. 4e éd.
Les jeux des enfants. 3e édit.
La curiosité.
G. Rageot.
Les savants et la philosophie.
P. Regnaud.
Précis de logique évolutionniste.
Comment naissent les mythes.
G. Renard.
Le régime socialiste. 6e édit.
A. Réville.
Divinité de Jésus-Christ. 4e éd.
A. Rey.
L'énergétique et le mécanisme.
Th. Ribot.
La philos. de Schopenhauer. 12e éd.
Les maladies de la mémoire. 22e éd.
Les maladies de la volonté. 27e éd.
Les mal. de la personnalité. 15e édit.
La psychologie de l'attention. 12e éd.
Problèmes de psychologie affective.
G. Richard.
Socialisme et science sociale. 3e éd.
Ch. Richet.
Psychologie générale. 8e éd.
De Roberty.
L'agnosticisme. 2e édit.
La recherche de l'unité.

De Roberty.
Psychisme social.
Fondements de l'éthique.
Constitution de l'éthique.
Frédéric Nietzsche.

E. Roehrich.
L'attention spontanée et volontaire.

J. Rogues de Fursac.
Mouvement mystique contemp.

Roisel.
De la substance.
L'idée spiritualiste. 2e édit.

Roussel-Despierres.
L'idéal esthétique.

Rzewuski.
L'optimisme de Schopenhauer.

Schopenhauer.
Le libre arbitre. 12e édition.
Le fondement de la morale. 11e éd.
Pensées et fragments. 25e édition.
Ecrivains et style. 2e édit.
Sur la religion. 2e édit.
Philosophie et philosophes.
Ethique, droit et politique.
Métaphysique et esthétique.

Seillière.
Introd. à la phil. de l'impérialisme.

P. Sollier.
Les phénomènes d'autoscopie.

P. Souriau.
La rêverie esthétique.

Herbert Spencer.
Classification des sciences. 9e édit.
L'individu contre l'Etat. 8e éd.
L'association en psychologie.

Stuart Mill.
Correspondance avec G. d'Eichthal.
Comte et la phil. positive. 8e éd.
L'utilitarisme. 7e édition.

Sully Prudhomme.
Psychologie du libre-arbitre. 2e éd.

Sully Prudhomme et Ch. Richet.
Le probl. des causes finales. 4e éd.

Tanon.
L'évol. du droit et la consc. soc. 3e éd.

Tarde.
La criminalité comparée. 7e éd.
Les transformations du droit. 7e éd.
Les lois sociales. 7e édit.

J. Taussat.
Le monisme et l'animisme.

Thamin.
Éducation et positivisme. 3e éd.

P.-F. Thomas.
La suggestion, son rôle. 5e édit.
Morale et éducation. 3e éd.

Wundt.
Hypnotisme et suggestion. 4e édit.

Zeller.
Christ. Baur et l'école de Tubingue.

Th. Ziegler.
La question sociale. 4e éd.

VOLUMES IN-8.

Brochés, à 3.75, 5, 7.50 et 10 fr.

Derniers volumes publiés :

R. Berthelot.
Un romantisme utilitaire. 2 v. à 7.50

V. Brochard.
Études de philos. anc. et mod. 10 fr.

L. Brunschvicg.
Les étapes de la philos. mathém. 10 fr.

A. Cartault.
Les sentiments généreux. 5 fr.

Cellérier et Dugas.
L'année pédagog. 1e année. 7 fr. 50

E. Dupréel.
Le rapport social. 5 fr.

E. Durkheim.
Les formes élémentaires de la vie religieuse. 10 fr.

Et. Gilson.
La liberté chez Descartes et la théologie. 7 fr. 50

M. Halbwachs.
La classe ouvrière et les niveaux de vie. 7 fr. 50

F. Le Dantec.
Contre la métaphysique. 3 fr. 75

O. Lodge.
La survivance humaine. 5 fr.

A. Marceron.
La morale par l'Etat. 5 fr.

Ossip-Lourié.
Langage et verbomanie. 5 fr.

Palante.
Les antinomies entre l'individu et la société. 5 fr.

Fr. Paulhan.
L'activité mentale. 2e éd. 10 fr.

Philosophie allemande.
La philos. allemande au XIXe s. 5 fr.

F. Pillon.
L'année philosophique, 23e année, 1912. 5 fr.

E. Rignano.
Essais de synthèse scientifique. 5 fr.

F. Roussel-Despierres.
Hiérarchie des principes et des problèmes sociaux. 5 fr.

G. Simmel.
Mélanges de phil. relativiste. 5 fr.

E. Tardieu.
L'ennui. 2e éd., revue.

E. Terraillon.
L'honneur. 5 fr.

J. Wilbois.
Devoir et durée. 7 fr. 50

Ch. Adam.
La philosophie en France (première moitié du XIXe siècle). 7 fr. 50

Arréat.
Psychologie du peintre. 5 fr.

Dr L. Aubry.
La contagion du meurtre. 5 fr.

Alex. Bain.
La logique inductive et déductive. 5e édit. 2 vol. 20 fr.

J.-M. Baldwin.
Le développement mental chez l'enfant et dans la race. 7 fr. 50

J. Bardoux.
Psychol. de l'Angleterre contemp. (*les crises belliqueuses*). 7 fr. 50
Psychologie de l'Angleterre contemporaine (*les crises politiques*). 5 fr.

Barthélemy Saint-Hilaire.
La philosophie dans ses rapports avec les sciences et la religion. 5 fr.

Barzellotti.
La philosophie de H. Taine. 7 fr. 50

V. Basch.
La poétique de Schiller. 2e éd. 7 fr. 50

A. Bayet.
L'idée de bien. 3 fr. 75

Bazaillas.
Musique et inconscience. 5 fr.
La vie personnelle. 5 fr.

G. Belot.
Études de morale positive. 7 fr. 50

H. Bergson.
Essai sur les données immédiates de la conscience. 12e édit. 3 fr. 75
Matière et mémoire. 9e édit. 5 fr.
L'évolution créatrice. 14e éd. 7 fr. 50

H. Berr.
La synthèse en histoire. 5 fr.

R. Berthelot.
Evolutionnisme et platonisme. 5 fr.

A. Bertrand.
L'enseignement intégral. 5 fr.
Les études dans la démocratie. 5 fr.

A. Binet.
Les révélations de l'écriture. 5 fr.

C. Bloch.
La philosophie de Newton. 10 fr.

J.-H. Boex-Borel.
(*J.-H. Rosny aîné.*)
Le pluralisme. 5 fr.

Em. Boirac.
L'idée du phénomène. 5 fr.
La psychologie inconnue. 2e éd. 5 fr.

Bouglé.
Les idées égalitaires. 2e éd. 3 fr. 75
Essais sur le régime des castes. 5 fr.

L. Bourdeau.
Le problème de la mort. 4e éd. 5 fr.
Le problème de la vie. 7 fr. 50

Bourdon.
L'expression des émotions. 7 fr. 50

Em. Boutroux.
Études d'hist. de la phil. 2e éd. 7 fr. 50

Braunschvig.
Le sentiment du beau et le sentiment poétique. 7 fr. 50

L. Bray.
Du beau. 5 fr.

Brochard.
De l'erreur. 2e éd. 5 fr.

R. Brugeilles.
Le droit et la sociologie. 3 fr. 75

L. Brunschvicg.
Spinoza. 2e édit. 3 fr. 75
La modalité du jugement. 5 fr.

L. Carrau.
Phil. relig. en Angleterre. 5 fr.

L. Cellérier.
Esquisse d'une science pédagogique. 7 fr. 50

Ch. Chabot.
Nature et moralité. 5 fr.

A. Chide.
Le mobilisme moderne. 5 fr.

Clay.
L'alternative. 2e éd. 10 fr.

Collins.
Résumé de la phil. de H. Spencer. 5e éd. 10 fr.

Cosentini.
La sociologie génétique. 3 fr. 75

A. Coste.
Principes d'une sociol. obj. 3 fr. 75
L'expérience des peuples. 10 fr.

C. Couturat.
Les principes des mathématiques. 5 f.

Crépieux-Jamin.
L'écriture et le caractère. 5e éd. 7.50

A. Cresson.
Morale de la raison théorique. 5 fr.

B. Croce.
Philosophie de la pratique. 7 fr. 50

E. de Cyon.
Dieu et science. 2e édit. 7 fr. 50

A. Darbon.
L'explication mécanique et le nominalisme. 3 fr. 75

Dauriac.
Essai sur l'esprit musical. 5 fr.

A. David.
Le modernisme bouddhiste. 5 fr.

H. Delacroix.
Etudes d'histoire et de psychologie du mysticisme. 10 fr.

Delbos.
Philos. pratique de Kant. 12 fr. 50

J. Delvaille.
La vie sociale et l'éducation. 3 fr. 75

J. Delvolvé.
Religion, critique et philosophie positive chez Bayle. 7 fr. 50

Draghicesco.
L'individu dans le déterminisme social. 7 fr. 50
Le probl. de la conscience. 3 fr. 75

G. Dromard.
Essai sur la sincérité. 5 fr.

J. Dubois.
Le problème pédagogique. 7 fr. 50

L. Dugas.
Le problème de l'éducat. 2e éd. 5 fr.
L'éducation du caractère. 5 fr.

G. Dumas.
St-Simon et Auguste Comte. 5 fr.

G.-L. Duprat.
L'instabilité mentale. 5 fr.

Dupré et Nathan.
Le langage musical. 3 fr. 75

Duproix.
Kant et Fichte. 2e édit. 5 fr.

Durand (DE GROS).
Taxinomie générale. 5 fr.
Esthétique et morale. 5 fr.
Variétés philosophiques. 2e éd. 5 fr.

E. Durkheim.
De la div. du trav. soc. 3e éd. 7 fr. 50
Le suicide. 2e édit. 7 fr. 50
L'année sociologique : 1re à 5e années. Chacune. 10 fr. ; 6e à 10e. Chacune. 12 fr. 50 ; Tome XI, 1906-1909. 15 fr.

V. Egger.
La parole intérieure. 2e éd. 5 fr.

Dwelshauvers.
La synthèse mentale. 5 fr.

H. Ebbinghaus.
Précis de psychologie. 2e édit. 5 fr.

A. Espinas.
La philosophie sociale au XVIIIe siècle et la Révolution. 7 fr. 50

Enriques.
Les problèmes de la science et la logique. 3 fr. 75

R. Eucken.
Les grands courants de la pensée contemporaine. 10 fr.

F. Evellin.
La raison pure et les antinomies. 5 fr.

G. Ferrero.
Les lois psychol. du symbol. 5 fr.

Enrico Ferri.
La sociologie criminelle. 10 fr.

Louis Ferri.
La psych. de l'association. 7 fr. 50

J. Finot.
Le préjugé des races. 3e éd. 7 fr. 50
Philos. de la longévité. 12e éd. 5 fr.
Préjugé et problème des sexes. 3e édit. 5 fr.

Fonsegrive.
Le libre arbitre. 2e éd. 10 fr.

M. Foucault.
La psychophysique. 7 fr. 50
Le rêve. 5 fr.

Alf. Fouillée.
La pensée et les nouv. écoles anti-intellectualistes. 2e édit. 7 fr. 50
Liberté et déterminisme. 8e éd. 7 fr. 50
Critique des systèmes de morale contemporains. 7e éd. 7 fr. 50
La morale, l'art et la religion, d'après Guyau. 8e éd. 3 fr. 75
L'avenir de la métaphys. 2e éd. 5 fr.
Evolutionnisme des idées-forces. 5e éd. 7 fr. 50
La psychologie des idées-forces. 2e édit. 2 vol. 15 fr.
Tempérament et caractère. 3e éd. 7 fr. 50
Le mouvement idéaliste. 3e éd. 7 fr. 50
Le mouvement positiviste. 2e éd. 7.50
Psych. du peuple français. 3e éd. 7.50
La France au p. de v. moral. 5e éd. 7.50
Esquisse psychologique des peuples européens. 4e édit. 10 fr.
Nietzsche et l'immoralisme. 2e éd. 5 f.
Le moralisme de Kant et l'amoralisme contemporain. 2e éd. 7 fr. 50
Eléments sociol. de la morale. 2e édit. 7 fr. 50
La morale des idées-forces. 7 fr. 50
Le socialisme et la sociologie réformiste. 7 fr. 50
La démocratie politique et sociale en France. 3 fr. 75

E. Fournière.
Théories social. au XIXe siècle. 7 fr. 50

G. Fulliquet.
L'obligation morale. 7 fr. 50

Garofalo.
La criminologie. 5e édit. 7 fr. 50
La superstition socialiste. 5 fr.

L. Gérard-Varet.
L'ignorance et l'irréflexion. 5 fr.

E. Gley.
Études de psycho-physiologie. 5 fr.

G. Gory.
L'immanence de la raison dans la connaissance sensible. 5 fr.

J.-J. Gourd.
Philosophie de la religion. 5 fr.

R. de la Grasserie.
De la psychologie des religions. 5 fr.

J. Grasset.
Demifous et demiresponsables. 5 fr.
Introduction physiologique à l'étude de la philosophie. 2e éd. 5 fr.

G. de Greef.
Le transformisme social. 2e éd. 7 fr. 50
La sociologie économique. 3 fr. 75

K. Groos.
Les jeux des animaux. 7 fr. 50

Gurney, Myers et Podmore
Les hallucin. télépath. 4e éd. 7 fr. 50

Guyau.
La morale angl. cont. 6e éd. 7 fr. 50
Les problèmes de l'esthétique contemporaine. 8e éd. 5 fr.
Esquisse d'une morale sans obligation ni sanction. 9e éd. 5 fr.
L'irréligion de l'avenir. 16e éd. 7 fr. 50
L'art au point de vue sociol. 9e éd. 7 fr. 50
Éducation et hérédité. 12e éd. 5 fr.

E. Halévy.
La form. du radicalisme philos.
I. *La jeunesse de Bentham*. 7 fr. 50
II. *Evol. de la doctr. utilitaire*, 1789-1815. 7 fr. 50
III. *Le radicalisme philos*. 7 fr. 50

O. Hamelin.
Le système de Descartes. 7 fr. 50

Hannequin.
L'hypoth. des atomes. 2e éd. 7 fr. 50
Etudes d'histoire des sciences et d'histoire de la philosophie. 2 vol. 15 fr.

P. Hartenberg.
Les timides et la timidité. 3e éd. 5 fr.
Physionomie et caractère. 2e éd. 5 fr.

Hébert.
Evolut. de la foi catholique. 5 fr.
Le divin. 5 fr.

C. Hémon.
Philos. de Sully Prudhomme. 7 fr. 50

Hermant et Van de Waele.
Les principales théories de la logique contemporaine. 5 fr.

G. Hirth.
Physiologie de l'art. 5 fr.

H. Höffding.
La pensée humaine. 7 fr. 50
Esquisse d'une psychologie fondée sur l'expérience. 4e édit. 7 fr. 50
Hist. de la philos. moderne. 2e édit. 2 vol. 20 fr.
Philosophie de la religion. 7 fr. 50
Philosophes contemporains. 2e édit. 3 fr. 75

Hubert et Mauss.
Mélanges d'histoire des religions. 5 fr.

Ioteyko et Stefanowska.
Psycho-physiologie de la douleur. 5 fr.

Isambert.
Les idées socialistes en France (1815-1848). 7 fr. 50

Izoulet.
La cité moderne. 7e édit. 10 fr.

Jacoby.
La sélect. chez l'homme. 2e éd. 10 fr.

Paul Janet.
Œuvres philosophiques de Leibniz. 2e édition. 2 vol. 20 fr.

Pierre Janet.
L'automatisme psychol. 6e éd. 7 fr. 50

J. Jastrow.
La subconscience. 7 fr. 50

J. Jaurès.
Réalité du monde sensible. 2e édit. 7 fr. 50

L. Jeudon.
La morale de l'honneur. 5 fr.

Karppe.
Études d'hist. de la philos. 3 fr. 75

A. Keim.
Helvétius. 10 fr.

P. Lacombe.
Individus et sociétés selon Taine. 7 fr. 50

A. Lalande.
La dissolution opposée à l'évolution. 7 fr. 50

Ch. Lalo.
Esthétique musicale scientifique. 5 f.
L'esthétique expérim. cont. 3 fr. 75
Les sentiments esthétiques. 5 fr.

A. Landry.
Principes de morale rationnelle. 5 fr.

De Lanessan.
La morale naturelle. 10 fr.
La morale des religions. 10 fr.

P. Lapie.
Logique de la volonté. 7 fr. 50

Lauvrière.
Edgar Poë. Sa vie. Son œuvre. 10 fr.

E. de Laveleye.
De la propriété et de ses formes primitives. 5e édit. 10 fr.

M.-A. Leblond.
L'idéal du XIXe siècle. 5 fr.

Gustave Le Bon.
Psych. du socialisme. 7e éd. 7 fr. 50

G. Lechalas.
Études esthétiques. 5 fr.
Étude sur l'espace et le temps. 2e édition. 5 fr.

Lechartier.
David Hume, moraliste et sociologue. 5 fr.

Leclère.
Le droit d'affirmer. 5 fr.

F. Le Dantec.
L'unité dans l'être vivant. 7 fr. 50
Limites du connaissable. 3e édit. 3 fr. 75

Xavier Léon.
La philosophie de Fichte. 10 fr.

Leroy (E.-B.).
Le langage. 5 fr.

A. Lévy.
La philosophie de Feuerbach. 10 fr.

L. Lévy-Bruhl.
La philosophie de Jacobi. 5 fr.
Lettres de Stuart Mill à Comte. 10 fr.
La philos. d'Aug. Comte. 3e éd. 7 fr. 50
La morale et la science des mœurs. 5e éd. 5 fr.
Les fonctions mentales dans les sociétés inférieures. 2e éd. 7 fr. 50

Liard.
Science positive et métaphysique. 4e édit. 7 fr. 50
Descartes. 3e édit. 5 fr.

H. Lichtenberger.
Richard Wagner, poète et penseur. 5e édit. 10 fr.
Henri Heine penseur. 3 fr. 75

Lombroso.
La femme criminelle et la prostituée. 1 vol. avec planches. 15 fr.
Le crime polit. et les révol. 2 v. 15 f.
L'homme criminel. 3e édit. 2 vol., avec atlas. 36 fr.
Le crime. 2e éd. 10 fr.
L'homme de génie (avec pl). 4e éd. 10 f.

E. Lubac.
Système de psychol. rationn. 3 fr. 75

G. Luquet.
Idées générales de psychol. 5 fr.

G. Lyon.
L'idéalisme en Angl. au XVIIIe s. 7.50
Enseignement et religion. 3 fr. 75

P. Malapert.
Les éléments du caractère. 2e éd. 5 fr.

Marion.
La solidarité morale. 6e édit. 5 fr.

Fr. Martin.
La perception extérieure et la science positive. 5 fr.

A. Matagrin.
La psychologie sociale de Gabriel Tarde. 5 fr.

J. Maxwell.
Les phénomènes psych. 4e éd. 5 fr.

A. Ménard.
Psychologie de W. James. 7 fr. 50

P. Mendousse.
L'âme de l'adolescent. 2e édit. 5 fr.

E. Meyerson.
Identité et réalité. 2e édit. 7 fr. 50

Morton Prince.
Dissoc. d'une personnalité. 10 fr.

Max Muller.
Nouv. études de mythol. 12 fr. 50

Myers.
La personnalité humaine. 3e éd. 7.50

E. Naville.
La logique de l'hypothèse. 2e éd. 5 fr.
La définition de la philosophie. 5 fr.
Les philosophies négatives. 5 fr.
Le libre arbitre. 2e édition. 5 fr.
Les philosophies affirmatives. 7 fr. 50

J.-P. Nayrac.
L'attention. 3 fr. 75

Max Nordau.
Dégénérescence. 2 v. 7e éd. 17 fr. 50
Les mensonges conventionnels de notre civilisation. 10e éd. 5 fr.
Vus du dehors. 5 fr.
Le sens de l'histoire. 7 fr. 50

Novicow.
La morale et l'intérêt. 5 fr.
Luttes entre soc. humaines. 2e éd. 10 f.
Justice et expansion de la vie. 7 fr. 50
La critique du darwinisme social. 7 fr. 50

H. Oldenberg.
Le Bouddha. 2e éd. 7 fr. 50
La religion du Véda. 10 fr.

Ossip-Lourié.
La philosophie russe contemp. 5 fr.
Psychol. des romanciers russes au XIXe siècle. 7 fr. 50

Ouvré.
Form. littér. de la pensée grecq. 10 fr.

G. Palante.
Combat pour l'individu. 3 fr. 75

Fr. Paulhan.
Les caractères. 3e édition. 5 fr.
Les mensonges du caractère. 5 fr.
Le mensonge de l'art. 5 fr.

Payot.
L'éducation de la volonté. 36e éd. 5 fr.
La croyance. 3e éd. 5 fr.

Jean Pérès.

L'art et le réel. 3 fr. 75

Bernard Perez.

Les trois premières années de l'enfant. 7e édit. 5 fr.
L'enfant de 3 à 7 ans. 4e éd. 5 fr.
L'éd. mor. dès le berceau. 4e éd. 5 fr.
L'éd. intell. dès le berceau. 2e éd. 5 fr.

C. Piat.

La personne humaine. 2e éd. 7 fr. 50
Destinée de l'homme. 2e édit. 5 fr.
La morale du bonheur. 5 fr.

Picavet.

Les idéologues. 10 fr.

Piderit.

La mimique et la physiognom. 5 fr.

Pillon.

L'année philos. 22 vol., chacun. 5 fr.

J. Pioger.

La vie et la pensée. 5 fr.
La vie sociale, la morale et le progrès. 5 fr.

L. Prat.

Le caractère empirique et la personne. 7 fr. 50

Preyer.

Éléments de physiologie. 5 fr.

L. Proal.

Le crime et la peine. 4e éd. 10 fr.
La criminalité politique. 2e éd. 5 fr.
Le crime et le suicide passionn. 10 f.

G. Rageot.

Le succès. 3 fr. 75

F. Rauh.

Études de morale. 10 fr.
De la méthode dans la psychologie des sentiments. 2e éd. 5 fr.
L'expérience morale. 3 fr. 75

Récéjac.

La connaissance mystique. 5 fr.

Rémond et Voivenel.

Le génie littéraire. 5 fr.

G. Renard.

La méthode scientifique de l'histoire littéraire. 10 fr.

Renouvier.

Les dilem. de la métaph. pure. 5 fr.
Hist. et solut. des problèmes métaphysiques. 7 fr. 50
Le personnalisme. 10 fr.
Critique de la doctrine de Kant. 7.50
Science de la morale. Nouvelle édit. 2 vol. 15 fr.

G. Revault d'Allonnes.

Psychologie d'une religion. 5 fr.
Les inclinations. 3 fr. 75

A. Rey.

La théorie de la physique chez les physiciens contemp. 7 fr. 50

Ribéry.

Classification des caractères. 3 fr. 75

Th. Ribot.

L'hérédité psycholog. 9e éd. 7 fr. 50
La psychologie anglaise contemporaine. 3e éd. 7 fr. 50
La psychologie allemande contemporaine. 7e éd. 7 fr. 50
La psych. des sentim. 8e éd. 7 fr. 50
L'évol. des idées générales. 3e éd. 5 fr.
L'imagination créatrice. 3e éd. 5 fr.
Logique des sentiments. 4e éd. 3 f. 75
Essai sur les passions. 3e éd 3 fr. 75

Ricardou.

De l'idéal. 5 fr.

G. Richard.

L'idée d'évolution dans la nature et dans l'histoire. 7 fr. 50

H. Riemann.

Elém. de l'esthétiq. musicale. 5 fr.

E. Rignano.

Transmissibilité des caractères acquis. 5 fr.

A. Rivaud.

Essence et existence chez Spinoza. 3 fr. 75

E. de Roberty.

Ancienne et nouvelle philos. 7 fr. 50
La philosophie du siècle. 5 fr.
Nouveau programme de sociol. 5 fr.
Sociologie de l'action. 3 fr. 75

G. Rodrigues.

Le problème de l'action. 3 fr. 75

Ed. Roehrich.

Philosophie de l'éducation. 5 fr.

F. Roussel-Despierres.

Liberté et beauté. 7 fr. 50

Romanes.

L'évol. ment. chez l'homme. 7 fr. 50

Russell.

La philosophie de Leibniz. 3 fr. 75

Ruyssen.

Évolut. psychol. du jugement. 5 fr.

A. Sabatier.

Philosophie de l'effort. 2e éd. 7 fr. 50

Emile Saigey.

La physique de Voltaire. 5 fr.

G. Saint-Paul.

Le langage intérieur. 5 fr.

E. Sanz y Escartin.

L'individu et la réforme sociale. 7.50

F. Schiller.

Études sur l'humanisme. 10 fr.

A. Schinz.

Anti-pragmatisme. 5 fr

Schopenhauer.

Aphorismes sur la sagesse dans la vie. 9e éd. 5 fr.
Le monde comme volonté et représentation. 6e éd. 3 vol. 22 fr. 50

Séailles.

Ess. sur le génie dans l'art. 4e éd. 5 fr.
Philosoph. de Renouvier. 7 fr. 50

J. Segond.

La prière. 7 fr. 50

Sighele.

La foule criminelle. 2e édit. 5 fr.

Sollier.

Psychologie de l'idiot et de l'imbécile. 2e éd. 5 fr.
Le problème de la mémoire. 3 fr. 75
Le mécanisme des émotions. 5 fr.
Le doute. 7 fr. 50

Souriau.

L'esthétique du mouvement. 5 fr.
La beauté rationnelle. 10 fr.
La suggestion dans l'art. 2e édit. 5 fr.

Spencer (Herbert).

Les premiers principes. 11e éd. 10 fr.
Principes de psychologie. 2 vol. 20 fr.
Princip. de biologie. 6e éd. 2 v. 20 fr.
Princip. de sociol. 5 vol. 43 fr. 75
I. *Données de la sociologie*, 10 fr. — II. *Inductions de la sociologie. Relations domestiques*, 7 fr. 50. — III. *Institutions cérémonielles et politiques*, 15 fr. — IV. *Institutions ecclésiastiques*, 3 fr. 75. — V. *Institutions professionnelles*, 7 fr. 50.
Justice. 3e éd. 7 fr. 50
Rôle moral de la bienfaisance. 7.50
Morale des différents peuples. 7.50
Problèmes de morale et de sociologie. 2e éd. 7 fr. 50
Essais sur le progrès. 5e éd. 7 fr. 50
Essais de politique. 4e éd. 7 fr. 50
Essais scientifiques. 4e éd. 7 fr. 50
De l'éducation. 13e édit. 5 fr.
Une autobiographie. 10 fr.

P. Stapfer.

Questions esthétiques et religieuses 3 fr. 75

Stein.

La question sociale au point de vue philosophique. 10 fr.

Stuart Mill.

Mes mémoires. 5e éd. 5 fr.
Système de logique. 2 vol. 20 fr.
Essais sur la religion. 4e édit. 5 fr.
Lettres à Auguste Comte.

James Sully.

Le pessimisme. 2e éd. 7 fr. 50
Essai sur le rire. 7 fr. 50

Sully Prudhomme.

La vraie religion selon Pascal. 7 f. 50
Le lien social. 3 fr. 75

G. Tarde.

La logique sociale. 4e édit. 7 fr. 50
Les lois de l'imitation. 6e éd. 7 fr. 50
L'opinion et la foule. 3e édit. 5 fr.

E. Tassy.

Le travail d'idéation. 5 fr.

P.-Félix Thomas.

L'éducation des sentiments. 5e éd. 5 fr.
Pierre Leroux. Sa philosophie. 5 fr.

P. Tisserand.

L'anthropologie de Maine de Biran. 10 fr.

Jean d'Udine.

L'art et le geste. 5 fr.

H. Urtin.

L'action criminelle. 5 fr.

Et. Vacherot.

Essais de philosophie critique. 7 f. 50
La religion. 7 fr. 50

I. Waynbaum

La physionomie humaine. 5 fr.

L. Weber.

Vers le positivisme absolu par l'idéalisme. 7 fr. 50

BIBLIOTHÈQUE
D'HISTOIRE CONTEMPORAINE

Volumes in-16 et in-8

DERNIERS VOLUMES PUBLIÉS :

L'Alsace-Lorraine obstacle a l'expansion allemande, par *J. Novicow*. 1 vol. in-16. . . . 3 fr. 50
Le Maroc, par *Augustin Bernard*. 1 vol. in-8, avec cartes. . . . 5 fr.
L'Italie économique et sociale (1861-1912), par *E. Lémonon*. 1 vol. in-8. . . . 7 fr.
L'Œuvre législative de la Révolution, par *L. Cahen* et *R. Guyot*, 1 vol. in-8. . . . 7 fr.
La France sous la monarchie constitutionnelle (1814-1848), par *G. Weill*. Nouvelle édition. 1 vol. in-16 . . . 3 fr. 50
Nos hommes d'État et l'œuvre de réforme, par *F. Maury*. 1 vol. in-16. . . . 3 fr. 50

Le « coup » d'Agadir. *La querelle franco-allemande*, par *P. Albin*. 1 vol. in-16 . . . . 3 fr. 50
Histoire de la révolution française, par *Th. Carlyle*. Nouvelle édition. 3 vol. in-18 . . . . 10 fr. 50
Bismarck (1815-1898), par *H. Welschinger*. 2e éd. In-8 av. portrait. 5 fr.
Les grands problèmes de la politique intérieure russe, par *R. Marchand*. 1 vol. in-16. . . . . 3 fr. 50
Le Portugal et ses colonies, par *A. Marvaud*. 1 vol. in-8. . . 5 fr.
Austerlitz. La fin du Saint-Empire (1804-1806). (*Napoléon et l'Europe*, II), par *E. Driault*. 1 vol. in-8. . . . . 7 fr.
La vie politique dans les Deux Mondes, publ. sous la dir. de *A. Viallate* et *M. Caudel*, avec la collab. de professeurs et d'anciens élèves de l'Ecole des Sciences Politiques. 5e année, 1910-1911. 1 fort. vol. in-8. 10 fr.

Précédemment parus :

EUROPE

Les questions actuelles de politique étrangère en Europe, par *F. Charmes, A. Leroy-Beaulieu, R. Millet A. Ribot, A. Vandal, R. de Caix, R. Henry, G. Louis-Jaray, R. Pinon, A. Tardieu*. Nouvelle édition, refondue et mise à jour. 1 vol. in-16 avec 5 cartes hors texte. 3 fr. 50
Hist. diplomatique de l'Europe (1815-1878), par *Debidour*, 2 v. in-8. 18 fr.
La question d'Orient, par *E. Driault*. 5e édit. 1 vol. in-8. . 7 fr.
La conférence d'Algésiras. *Histoire diplomatique de la crise marocaine (janvier-avril 1906)*, par *A. Tardieu*. 3e édit. Revue et augmentée d'un appendice sur *Le Maroc après la conférence* (1906-1909). In-8. 10 fr.
Les grands traités politiques. *Recueil des principaux textes diplomatiques depuis 1815 jusqu'à nos jours*, par *P. Albin*. Préface de *Maurice Herbette*. 1 vol. in-8 . . . . 10 fr.
L'Europe et la politique britannique (1882-1911), par *E. Lémonon*. Préface de M. *Paul Deschanel*. 2e édit. 1 vol. in-8 . . . . . . 10 fr.
La politique de Pie X, par *Maurice Pernot*. 1 vol. in-16 . . . 3 fr. 50

FRANCE ET COLONIES

Le Directoire et la paix de l'Europe, des traités de Bale a la deuxième coalition (1795-1799), par *R. Guyot*. 1 vol. in-8. . . 15 fr.
La politique douanière de la France, par *Ch. Augier* et *A. Marvaud*. 1 vol. in-8. . . . . 7 fr. 50
La révolution française, par *H. Carnot*. 1 vol. in-16. Nouv. éd. 3 fr. 50
La théophilanthropie et le culte décadaire (1796-1801), par *A. Mathiez*. 1 vol. in-8. . . . . 12 fr.
Contributions a l'histoire religieuse de la révolution française, par *le même*. 1 vol. in-16. . . . . 3 fr. 50
Mémoires d'un ministre du trésor public (1789-1815), par le comte *Mollien*. Publié par *M. Gomel*. 3 vol. in-8. . . . . 15 fr.
Condorcet et la révolution française, par *L. Cahen*. 1 vol. in-8. 10 fr.
Cambon et la révolution française, par *F. Bornarel*. 1 vol. in-8. 7 fr.
Le culte de la raison et le culte de l'être suprême (1793-1794). Étude historique, par *A. Aulard*. 2e éd. 1 vol. in-16. . . . . 3 fr. 50
Études et leçons sur la révolution française, par *A. Aulard*. 6 vol. in-16. Chacun . . . . 3 fr. 50
Hommes et choses de la Révolution, par *E. Spuller*. In-16. 3 fr. 50
Les campagnes des armées françaises (1792-1815), par *C. Vallaux*. 1 vol. in-16, avec 17 cartes. . . . . 3 fr. 50
La politique orientale de Napoléon (1806-1808), par *E. Driault*. In-8. 7 fr.
Napoléon et la Pologne (1806-1807), par *Handelsman*. 1 vol. in-8. 5 fr.
De Waterloo a Sainte-Hélène, par *J. Silvestre*, 1 vol. in-16. 3 fr. 50
Le Conventionnel Goujon, par *L. Thénard et R. Guyot*. 1 vol. in-8. 5 fr.
Histoire du Second Empire (1848-1870), par *T. Delord*. 6 vol. in-8. 42 fr.
Histoire de dix ans (1830-1840), par *Louis Blanc*. 5 vol. in-8. Chacun. 5 fr.
Associations et sociétés secrètes sous la deuxième république (1848-1851), par *J. Tchernoff*. 1 vol. in-8. . . . . 7 fr.
Histoire du parti républicain (1814-1870), par *G. Weill*. 1 v. in-8. 10 fr.

Histoire du mouvement social (1852-1910), par *le même*. In-8. 2e éd. 10 fr.
Histoire de la troisième République, par *E. Zévort* : I. *Présidence de M. Thiers*. 1 vol. in-8. 3e édit. 7 fr. — II. *Présidence du Maréchal*. (*Épuisé*) — III. *Présidence de Jules Grévy*. 1 vol. in-8. 2e édition. 7 fr. — IV. *Présidence de Sadi-Carnot*. 1 vol. in-8. . . . 7 fr.
Histoire des rapports de l'Église et de l'État en France (1789-1870), par *A. Debidour*. 2e éd. 1 vol. in-8 (*Couronné par l'Institut*). 12 fr.
L'État et les Églises en France, par *J.-L. de Lanessan*. In-16. 3 fr. 50
La société française sous la troisième république, par *Marius-Ary Leblond*. 1 vol. in-8. 5 fr.
La liberté de conscience en France (1595-1905), par *G. Bonet-Maury*. 1 vol. in-8, 2e édit. . . . . 5 fr.
Les civilisations tunisiennes, par *P. Lapie*. 1 vol. in-16. . 3 fr. 50
Les colonies françaises, par *P. Gaffarel*. 1 vol. in-8. 6e éd. . . 5 fr.
L'œuvre de la France au Tonkin, par *A. Gaisman*. 1 v. in-16. 3 fr. 50
La France hors de France. *Notre émigration, sa nécessité, ses conditions*, par *J.-B. Piolet*. 1 vol. in-8. . . . . 10 fr.
L'Algérie, par *M. Wahl*. 1 vol. in-8. 5e éd., revue par *A. Bernard*. 5 fr.
Au Congo français. *La question internationale du Congo*, par *F. Challaye*. 1 vol. in-8. . . . . 5 fr.
La France moderne et le problème colonial (1815-1830), par *Ch. Schefer*. 1 vol. in-8. 7 fr.
L'Église catholique et l'État en France sous la troisième république (1870-1906), par *A. Debidour*. Tome I. 1870-1889. 1 vol. in-8. 7 fr. Tome II, 1889-1906. 1 vol. in-8 . . . . 10 fr.
L'Éveil d'un monde. *L'œuvre de la France en Afrique occidentale*, par *L. Hubert*. 1 vol. in-16. . . . . 3 fr. 50
Régions et Pays de France, par *Fèvre et Hauser*. 1 vol. in-8 ill. 7 fr.
Notre empire colonial, par *H. Busson, J. Fèvre et H. Hauser*. 1 vol. in-8 avec gravures et cartes. . . . . 5 fr.
Napoléon et la Catalogne. *La Captivité de Barcelone* (*Février 1808-Janvier 1810*). 1 vol. in-8 avec une carte hors texte. (Prix Pezrat, 1910) . . . . 10 fr.
La politique extérieure du Premier Consul (1800-1803). (*Napoléon et l'Europe*, I), par *E. Driault*. 1 vol. in-8. . . . . 7 fr.
Les officiers de l'armée royale et la révolution, par le Lieut.-Colonel *Hartmann*. 1 vol. in-8 (*Couronné par l'Institut*). . . . 10 fr.
Thouret (1746-1794). *La vie et l'œuvre d'un constituant*, par *E. Lebègue*. 1 vol. in-8 . . . . 7 fr.
Essai politique sur Alexis de Tocqueville, par *R. Pierre Marcel*. 1 vol. in-8 . . . . 7 fr.
Histoire du catholicisme libéral en France (1828-1908), par *G. Weill*. 1 vol. in-16. . . . . 3 fr. 50

ALLEMAGNE

L'esprit public en Allemagne vingt ans après Bismarck, par *H. Moysset*. 1 vol. in-8. 5 fr.
L'effort allemand, par *L. Hubert*. 1 vol. in-16 . . . . 3 fr. 50
La restauration de l'empire allemand, par *A. de Ruville*. Traduit par P. Albin. 1 vol. in-8. 7 fr.
Le grand-duché de Berg (1806-1813), par *Ch. Schmidt*. 1 vol. in-8. 10 fr.
Histoire de la Prusse, de la mort de Frédéric II à la bataille de Sadowa, par *E. Véron*. 1 vol. in-18. 6e éd. . . . . 3 fr. 50
Les origines du socialisme d'État en Allemagne, par *Ch. Andler*. 2e édit. In-8. . . . . 7 fr.
L'Allemagne nouvelle et ses historiens (*Niebuhr, Ranke, Mommsen, Sybel, Treitschke*), par *A. Guilland*. 1 vol. in-8 . . . . 5 fr.
La démocratie socialiste allemande, par *E. Milhaud*. 1 vol. in-8. 10 fr.
La Prusse et la Révolution de 1848, par *P. Matter*. 1 v. in-16. 3 fr. 50
Bismarck et son temps, par *le même*. 3 vol. in-8, chacun. 10 fr. — I. *La préparation* (1815-1862). — II. *L'action* (1863-1870). — III. *Le triomphe et le déclin* (1870-1896). (*Ouvrage couronné par l'Institut*).

ANGLETERRE

L'Europe et la politique britannique (1882-1911), par *E. Lémonon* Préface de M. *Paul Deschanel*. 2e édit. 1 vol. in-8 . . . . . . 10 fr
Histoire contemp. de l'Angleterre, par *H. Reynald*. 2e éd. In-16. 3 fr. 50
A travers l'Angleterre contemporaine, par *J. Mantoux*. In-16. 3 fr. 50

AUTRICHE-HONGRIE

La renaissance tchèque au xixe siècle, par *L. Leger*. 1 v. in-16. 3 fr. 50
Les Tchèques et la Bohême contemporaine, par *Bourlier*. In-16. 3 fr. 50
Le pays magyar, par *R. Recouly*. 1 vol. in-16. . . . . 3 fr. 50
La Hongrie rurale, sociale et politique, par *J. de Mailath*. In-8. 5 fr.
La question sociale et le socialisme en Hongrie, par *G.-Louis Jaray*. 1 vol. in-8 avec 5 cartes hors texte . . . . 7 fr.

ESPAGNE

Histoire de l'Espagne, par *H. Reynald*. 1 vol. in-16 . . . . . 3 fr. 50
La question sociale en Espagne, par *Angel Marvaud*. 1 vol. in 8. 7 fr.

GRÈCE et TURQUIE

La Turquie et l'hellénisme contemporain, par *V. Bérard*. 1 vol. in-16. 6e éd. (*Ouvrage couronné par l'Académie française*) . . . . 3 fr. 50
Bonaparte et les îles Ioniennes, par *E. Rodocanachi*. In-8. 5 fr.

ITALIE

Histoire de l'unité italienne (1814-1871), p. *Bolton King*. 2 v. in-8. 15 fr.
Bonaparte et les républiques italiennes, par *P. Gaffarel*. In-8. 5 fr.
Napoléon en Italie (1800-1812), par *E. Driault*. 1 vol. in-8. . 10 fr.

SUISSE

Histoire du peuple suisse, par *Daendliker*. In-8. . . . . 5 fr.

ROUMANIE

Histoire de la Roumanie contemp. (1822-1900), par *Damé*. In-8. 7 fr.

AMÉRIQUE

Les questions actuelles de politique étrangère dans l'Amérique du Nord, par *A. Siegfried*, *P. de Rousiers*, *de Périgny*, *F. Roz*, *A. Tardieu*. 1 vol. in-16 avec 5 cartes hors texte . . . . 3 fr. 50
Histoire de l'Amérique du Sud, par *Alf. Deberle*. In-16. 3e éd. 3 fr. 50
L'Industrie américaine, par *A. Viallate*. 1 vol. in-8. . . . . . 10 fr.

CHINE-JAPON

Histoire des relations de la Chine avec les puissances occidentales (1861-1902), par *H. Cordier*, de l'Instit. 3 vol. in-8. avec cartes. 30 fr.
L'expédition de Chine de 1857-58, par *le même*. 1 vol. in-8. . . 7 fr.
L'expédition de Chine de 1860, par *le même*. 1 vol. in-8 . . . . 7 fr.
En Chine. *Mœurs et institutions*. par *M. Courant*. 1 vol. in-16. 3 fr. 50
Le drame chinois, par *Marcel Monnier*. 1 vol. in-16. . . . 2 fr. 50
Le protestantisme au Japon (1859-1907), par *R. Allier*. In-16. 3 fr. 50
La question d'Extrême-Orient, par *E. Driault*. 1 vol. in-8. . . 7 fr.
Les questions actuelles de politique étrangère en Asie, par MM. le *Baron de Courcel*, *P. Deschanel*, *P. Doumer*, *E. Etienne*, *le Général Lebon*, *Victor Bérard*, *R. de Caix*, *M. Revon*, *Jean Rodes*, le Dr *Rouire*. 1 vol. in-16 avec 4 cartes hors texte . . . . 3 fr. 50
La Chine nouvelle, par *Jean Rodes*. 1 vol. in-16 . . . . 3 fr. 50

ÉGYPTE

La transformation de l'Égypte, par *Alb. Métin*. 1 vol. in-16. 3 fr. 50

INDE

L'Inde contemp. et le mouvement national, par *E. Piriou*. In-16. 3 fr. 50

QUESTIONS POLITIQUES ET SOCIALES

Problèmes politiques et sociaux, par *E. Driault*. 2e éd. 1 vol. in-8. 7 fr.
Vue générale de l'histoire de la civilisation, par *le même*. 2 vol. in-16, illustrés. 3e édit. (*Récompensé par l'Institut*). . . . . . 7 fr.
Le monde actuel, par *le même*. *Tableau polit. et économ.* 1 v. in-8. 7 fr.
Souveraineté du peuple et gouvernement, par *E. d'Eichthal*, de l'Institut. 1 vol. in-16. . . . . 3 fr. 50

SOPHISMES SOCIALISTES ET FAITS ÉCONOMIQUES, par *Yves Guyot*. 1 vol. in-16. . . . . 3 fr. 50
LES MISSIONS ET LEUR PROTECTORAT, par *J.-L. de Lanessan*. 1 vol. in-16. . . . . 3 fr. 50
LE SOCIALISME UTOPIQUE, par *A. Lichtenberger*. 1 vol. in-16. 3 fr. 50
LE SOCIALISME ET LA RÉVOLUTION FRANÇAISE, par *le même*. 1 v. in-8. 5 fr.
L'OUVRIER DEVANT L'ÉTAT, par *Paul Louis*. 1 vol. in-8. . . . . . 7 fr.
HISTOIRE DU MOUVEMENT SYNDICAL EN FRANCE (1789-1910), par *le même*. 2e édit. 1 vol. in-16 . . . . 3 fr. 50
LE SYNDICALISME CONTRE L'ÉTAT, par *le même*. 1 vol. in-16. 3 fr. 50
HISTOIRE POLITIQUE ET SOCIALE (1815-1911). (*Evolution du monde moderne*), par *E. Driault et Monod*. 1 vol. in-16 avec gravures et cartes. 2e édit. 5 fr.
LA DISSOLUTION DES ASSEMBLÉES PARLEMENTAIRES, par *Paul Matter*. 1 vol. in-8. . . . . 5 fr.
LA FRANCE ET L'ITALIE DEVANT L'HISTOIRE, par *J. Reinach*. 1 vol. in-8. 5 fr.
LE SOCIALISME A L'ÉTRANGER, par MM. *J. Bardoux, G. Gidel, Kinzo. Goraï, G. Isambert, G. Louis-Jaray. A. Marvaud, Da Motta de San Miguel, P. Quentin-Bauchart, M. Revon, A. Tardieu*. 1 v. in-16. 3 fr. 50
FIGURES DISPARUES, par *E. Spuller*. 3 vol. in-16, chacun . . . 3 fr. 50
L'ÉDUCATION DE LA DÉMOCRATIE, par *le même*. 1 vol. in-16. . . 3 fr. 50
L'ÉVOLUTION POLITIQUE ET SOCIALE DE L'ÉGLISE, par *le même*. 1 v. in-16. 3 fr. 50
LA FRANCE ET SES ALLIANCES, par *A. Tardieu*. 1 vol. in-16. . . 3 fr. 50
LA VIE POLITIQUE DANS LES DEUX MONDES, publiée sous la direction de *A. Viallate* et *M. Caudel*. 1re ANNÉE (1906-1907), à 5e ANNÉE (1910-1911). Chacune 1 fort vol. in-8. . . . . 10 fr.
L'ÉCOLE SAINT-SIMONIENNE, par *G. Weill*. 1 vol. in-16. . . 3 fr. 50

LES MAITRES DE LA MUSIQUE

ÉTUDES D'HISTOIRE ET D'ESTHÉTIQUE
Publiées sous la direction de M. JEAN CHANTAVOINE
Chaque volume in-8 de 250 pages environ, 3 fr. 50

Liste par ordre de publication :

Palestrina, par MICHEL BRENET. 3e édition.
César Franck, par VINCENT D'INDY. 6e édit.
J.-S. Bach, par A. PIRRO. 3e édit.
Beethoven, par JEAN CHANTAVOINE. 6e édit.
Mendelssohn, par CAMILLE BELLAIGUE, 3e édition.
Smetana, par WILLIAM RITTER.
Rameau, par LOUIS LALOY. 2e éd.
Moussorgsky, par M. D. CALVOCORESSI. 2e édition.
Haydn, par M. BRENET. 2e édit.
Trouvères et Troubadours, par PIERRE AUBRY. 2e édit.
Wagner, par HENRI LICHTENBERGER. 4e édit.
Gluck, par JULIEN TIERSOT. 3e éd.
Liszt, par J. CHANTAVOINE. 2e éd.
Gounod, par CAMILLE BELLAIGUE. 2e éd.
Haendel, par R. ROLLAND. 3e éd.
Lully, par L. DE LA LAURENCIE.
L'Art Grégorien, par AMÉDÉE GASTOUÉ. 2e édit.
Jean-Jacques Rousseau, par J. TIERSOT.
Schutz, par A. PIRRO.
Meyerbeer, par L. DAURIAC.

ART ET ESTHÉTIQUE

Collection publiée sous la direction de M. PIERRE MARCEL
Chaque volume in-8, avec 24 reproductions hors texte. . . . . . 3 fr. 50

Volumes parus :

Titien, par H. CARO-DELVAILLE. | **Greuze**, par LOUIS HAUTECŒUR.
Vélazquez, par AMAN-JEAN.

BIBLIOTHÈQUE GÉNÉRALE
DES SCIENCES SOCIALES

Secrétaire de la rédaction. DICK MAY, Secrét. gén. de l'Éc. des Hautes Études sociales.

Vol. in-8 carré de 300 pages environ, cart. à l'anglaise, chacun. 6 fr.

Derniers volumes publiés :

Les divisions régionales de la France, par MM. C. BLOCH, L. LAFFITTE, J. LETACONNOUX, L. LEVAINVILLE, F. MAURETTE, P. DE ROUSIERS, M. SCHWOB, C. VALLAUX, P. VIDAL DE LA BLACHE. Introduction de CH. SEIGNOBOS.

Les aspirations autonomistes en Europe, par MM. J. AULNEAU, F. DELAISI, Y.-M. GOBLET, R. HENRY, H. LICHTENBERGER, A. MALET, R. MARVAUD, AD. REINACH, H. VIMARD. Préface de CH. SEIGNOBOS.

La méthode positive dans l'enseignement primaire et secondaire, par MM. BERTHONNEAU, A. BIANCONI, H. BOURGIN, L. BRUCKER, F. BRUNOT, G. DELOBEL, G. RUDLER, H. WEILL. Avant-propos de A. CROISET.

Les œuvres périscolaires, par MM. le Dr CALMETTE, le Dr P. GALLOIS, le Dr DE PRADEL, G. BERTIER, le Dr E. PETIT, T. COUDIROLLE, le Dr RÉGNIER, le Dr CAYLA, L. BOUGIER, le Dr P. LE GENDRE, le Dr DOLÉRIS. Préface de M. le sénateur Paul STRAUSS.

J.-J. Rousseau, par MM. A. CAHEN, D. MORNET, G. GASTINEL, V. DELBOS, J. BENRUBI, F. BALDENSPERGER, G. DWELSHAUVERS, F. VIAL, BEAULAVON, G. BELOT, C. BOUGLÉ, D. PARODI. Préface de M. LANSON, professeur à la Sorbonne.

La lutte scolaire en France au dix-neuvième siècle- par MM. F. BUISSON, L. CAHEN, A. DESSOYE, E. FOURNIÈRE, C. LATREILLE, R. LEBEY, ROGER LÉVY, CH. SEIGNOBOS, CH. SCHMIDT, J. TCHERNOFF, E. TOUTEY et J. LETACONNOUX.

Neutralité et monopole de l'enseignement, par MM. V. BASCH, E. BLUM, A. CROISET, G. LANSON, D. PARODI, TH. REINACH, F. LÉVY-WOGUE et R. PICHON.

La séparation de l'Église et de l'État, par J. DE NARFON.

L'individualisation de la peine, par R. SALEILLES, prof. à la Faculté de droit de l'Univ. de Paris, et G. MORIN, doc. 2e édition.

L'idéalisme social, par EUGÈNE FOURNIÈRE, 2e édit.

Ouvriers du temps passé, par H. HAUSER, 3e édit.

Les transformations du pouvoir, par G. TARDE, 2e édit.

Morale sociale, par MM. G. BELOT, MARCEL BERNÈS, BRUNSCHVICG, F. BUISSON, DARLU, DAURIAC, DELBET, CH. GIDE, M. KOVALEVSKY, MALAPERT, le R. P. MAUMUS, DE ROBERTY, G. SOREL, le PASTEUR WAGNER. Préface de M. É. BOUTROUX, de l'Académie française. 2e éd.

Les enquêtes, *pratique et théorie*, par P. DU MAROUSSEM.

Questions de morale, par MM. BELOT, BERNÈS, F. BUISSON, A. CROISET, DARLU, DELBOS, FOURNIÈRE, MALAPERT, MOCH, D. PARODI, G. SOREL. 2e édit.

Le développement du catholicisme social, depuis l'encyclique *Rerum Novarum*, par MAX TURMANN. 2e édit.

Le socialisme sans doctrines, par A. MÉTIN. 2e édit.

L'éducation morale dans l'Université, par MM. LÉVY-BRUHL, DARLU, M. BERNÈS, KORTZ, ROCAFORT, BIOCHE, Ph. GIDEL, MALAPERT, BELOT.

La méthode historique appliquée aux sciences sociales, par CH. SEIGNOBOS, professeur à l'Univ. de Paris. 2e édit.

Assistance sociale. *Pauvres et mendiants*, par PAUL STRAUSS.

L'hygiène sociale, par E. DUCLAUX, de l'Institut,

Essai d'une philosophie de la solidarité, par MM. DARLU, RAUH, F. BUISSON, GIDE, X. LÉON, LA FONTAINE, E. BOUTROUX.

L'éducation de la démocratie, par MM. E. LAVISSE, A. CROISET, SEIGNOBOS, MALAPERT, LANSON, HADAMARD. 2e édit.

L'exode rural et le retour aux champs, par VANDERVELDE. 2e édit.

La lutte pour l'existence et l'évolution des sociétés, par J.-L. DE LANESSAN, ancien ministre.

La concurrence sociale et les devoirs sociaux, par LE MÊME.

La démocratie devant la science, par C. BOUGLÉ, 2e éd. rev.

L'individualisme anarchiste. *Max Stirner*, par V. BASCH, chargé de cours à l'Université de Paris.

Les applications sociales de la solidarité, par MM. P. BUDIN, CH. GIDE, H. MONOD, PAULET, ROBIN, SIEGFRIED, BROUARDEL. 2e éd.

La paix et l'enseignement pacifiste, par MM. FR. PASSY, CH. RICHET, D'ESTOURNELLES DE CONSTANT, E. BOURGEOIS, A. WEISS, H. LA FONTAINE, G. LYON.

Études sur la philosophie morale au XIXe siècle, par MM. BELOT, A. DARLU, M. BERNÈS, A. LANDRY, CH. GIDE, E. ROBERTY, R. ALLIER, H. LICHTENBERGER, L. BRUNSCHVICG.

Enseignement et démocratie, par MM. A. CROISET, DEVINAT, BOITEL, MILLERAND, APPELL, SEIGNOBOS, LANSON, CH.-V. LANGLOIS.

Religions et sociétés, par MM. TH. REINACH, A. PUECH, R. ALLIER, A. LEROY-BEAULIEU, LE Bon CARRA DE VAUX, H. DREYFUS.

Essais socialistes, par E. VANDERVELDE.

Le surpeuplement et les habitations à bon marché, par H. TUROT et H. BELLAMY.

L'individu, l'association et l'État, par E. FOURNIÈRE.

Les trusts et les syndicats de producteurs, par J. CHASTIN.

Le droit de grève, par MM. CH. GIDE, H. BERTHÉLEMY, P. BUREAU, A. KEUFER, C. PERREAU, CH. PICQUENARD, A.-E. SAYOUS, F. FAGNOT, E. VANDERVELDE.

Morales et religions, par MM. G. BELOT, L. DORISON, AD. LODS, A. CROISET, W. MONOD, E. DE FAYE, A. PUECH, le baron CARRA DE VAUX, E. EHRARDT, H. ALLIER, F. CHALLAYE.

La nation armée, par MM. le général BAZAINE-HAYTER, C. BOUGLÉ, E. BOURGEOIS, Cne BOURGUET, E. BOUTROUX, A. CROISET, G. DEMENY, G. LANSON, L. PINEAU, Cne POTEZ, F. RAUH.

La criminalité dans l'adolescence, par G.-L. DUPRAT.
Médecine et pédagogie, par MM. le Dr ALBERT MATHIEU, le Dr GILLET, le Dr S. MÉRY, P. MALAPERT, le Dr LUCIEN BUTTE, le Dr PIERRE RÉGNIER, le Dr L. DUFESTEL, le Dr LOUIS GUINON, le Dr NOBÉCOURT. Préface de M. le Dr E. MOSNY.
La lutte contre le crime, par J.-L. DE LANESSAN.
La Belgique et le Congo, par E. VANDERVELDE.
La dépopulation de la France, par le Dr J. BERTILLON.
L'enseignement du français, par H. BOURGIN, A. CROISET, P. CROUZET, M. LACABE-PLASTEIG, G. LANSON, CH. MAQUET, J. PRETTRE, G. RUDLER, A. WEIL.

BIBLIOTHÈQUE UTILE

Volumes in-32 de 192 pages chacun.
Chaque volume broché, **60** *cent.*

Acloque (A.). Les insectes nuisibles, ravages, moyens de destruction (avec fig.).
Amigues (E.). A travers le ciel.
Bastide. Les guerres de la Réforme. 5e édit.
Bellet. (D.). Les grands ports maritimes de commerce (avec fig.).
Bère. Histoire de l'armée française
Berget (Adrien.) La viticulture nouvelle. (*Manuel du vigneron.*) 3e éd.
— La pratique des vins. 2e éd. (*Guide du récoltant*).
— Les vins de France. (*Manuel du consommateur.*)
Blerzy. Les colonies anglaises. — 2e édit.
Bondois. (P). L'Europe contemporaine (1789-1879). 2e édit.
Bouant. Les principaux faits de la chimie (avec fig.).
— Hist. de l'eau (avec fig.).
Brothier. Histoire de la terre. 2e éd.
Buchez. Histoire de la formation de la nationalité française.
I. *Les Mérovingiens.* 6e éd. 1 v.
II. *Les Carlovingiens.* 2e éd. 1 v.
Carnot. Révolution française. 8e éd.
I. *Période de création,* 1789-1792.
II. *Période de défense,* 1792-1804.
Catalan. Notions d'astronomie. 6e édit. (avec fig.).
Collas et Driault. Histoire de l'empire ottoman jusqu'à la révolution de 1909. 4e édit.
Collier. Premiers principes des beaux-arts (avec fig.).
Combes (L.). La Grèce ancienne. 4e édit.
Coste (A.). La richesse et le bonheur. 2e éd.
— Alcoolisme ou épargne. 6e édit.
Coupin (H.). La vie dans les mers (avec fig.).
Creighton. Histoire romaine.
Cruveilhier. Hygiène générale. 9e éd.
Debidour (A.) Histoire des rapports de l'Église et de l'État en France (1789-1871). Abrégé par DUBOIS et SARTHOU.
Despois (Eug.). Révolution d'Angleterre. (1603-1688). 4e édit.
Doneaud (Alfred). Histoire de la marine française. 4e édit.
— Histoire contemporaine de la Prusse. 2e édit.
Dufour. Petit dictionnaire des falsifications. 4e édit.
Eisenmenger (G.). Les tremblements de terre.
Enfantin. La vie éternelle, passée, présente, future. 6e éd.
Faque (L.). L'Indo-Chine française. 2e éd. mise à jour jusqu'en 1910.
Ferrière. Le darwinisme. 9e éd.
Gaffarel (Paul). Les frontières françaises et leur défense. 2e édit.

Gastineau (B.). Les génies de la science et de l'industrie. 3e éd.

Geikie. La géologie (avec fig.). 5e éd.

Genevoix (F.). Les procédés industriels.

— Les matières premières.

Gérardin. Botanique générale (avec fig.).

Girard de Rialle. Les peuples de l'Asie et de l'Europe.

Grove. Continents et océans, avec fig. 3e éd.

Guyot (Yves). Les préjugés économiques.

Henneguy. Histoire de l'Italie depuis 1815 jusqu'au cinquantenaire de l'Unité Italienne (1911). 2e édit.

Huxley. Premières notions sur les sciences. 5e édit.

Jevons (Stanley). L'économie politique. 14e édit.

Jouan. Les îles du Pacifique.

— La chasse et la pêche des animaux marins.

Jourdan (J.). La justice criminelle en France. 2e édit.

Jourdy. Le patriotisme à l'école. 3e édit.

Larbalétrier (A.). L'agriculture française (avec fig.).

— Les plantes d'appartement, de fenêtres et de balcons (avec fig.).

Larivière (Ch. de). Les origines de la guerre de 1870.

Larrivé. L'assistance publique en France.

Laumonier (Dr J.). L'hygiène de la cuisine.

Leneveux. Le travail manuel en France. 2e édit.

Lévy (Albert). Histoire de l'air (avec fig.). 3e édit.

Lock (F.). Jeanne d'Arc (1429-1431). 3e édit.

— Histoire de la Restauration. 5e édit.

Mahaffy. L'antiquité grecque (avec fig.).

Maigne. Les mines de la France et de ses colonies.

Mayer (G.). Les chemins de fer (avec fig.).

Merklen (P.). La Tuberculose; son traitement hygiénique.

Meunier (G.). Histoire de la littérature française. 5e éd.

— Histoire de l'art ancien, moderne e contemporain (avec fig.).

Mongredien. Histoire du libre-échange en Angleterre.

Monin. Les maladies épidémiques. Hygiène et prévention (avec fig.).

Morin. Résumé populaire du code civil, 6e édit., avec un appendice sur *la loi des accidents du travail* et la *loi des associations*.

Noël (Eugène). Voltaire et Rousseau. 5e édit.

Ott (A.). L'Asie occidentale et l'Egypte. 2e édit.

Paulhan (F.). La physiologie de l'esprit. 5e édit. (avec fig.)

Paul Louis. Les lois ouvrières dans les deux mondes.

Petit. Economie rurale et agricole.

Pichat (L.). L'art et les artistes en France. (*Architectes, peintres et sculpteurs.*) 5e édit.

Quesnel. Histoire de la conquête de l'Algérie.

Raymond (E.). L'Espagne et le Portugal. 3e édit.

Regnard. Histoire contemporaine de l'Angleterre depuis 1815 jusqu'à l'avènement de Georges V. 2e édit.

Renard (G.). L'homme est-il libre? 6e édit.

Robinet. La philosophie positive. A. Comte et P. Laffitte. 6e éd.

Rolland (Ch.). Histoire de la maison d'Autriche. 3e édit.

Sérieux et Mathieu. L'Alcool et l'alcoolisme. 4e édit.

Spencer (Herbert). De l'éducation. 14e édit.

Turck. Médecine populaire. 7e édit.

Vaillant. Petite chimie de l'agriculteur.

Zaborowski. L'origine du langage. 7e édit.

— Les migrations des animaux. 4e édit.

— Les grands singes. 3e édit.

— Les mondes disparus (avec fig.) 4e édit.

— L'homme préhistorique. 8e édit. (avec fig.)

Zevort (Edg.). Histoire de Louis-Philippe. 4e édit.

Zurcher (F.). Les phénomènes de l'atmosphère. 8e édit.

Zurcher et Margollé. Télescope et microscope. 3e édit.

— Les phénomènes célestes. 2e éd.

BIBLIOTHÈQUE SCIENTIFIQUE INTERNATIONALE

Volumes in-8, cartonnés à l'anglaise.

Derniers volumes publiés :

PEARSON (K.). **La grammaire de la science** (*La Physique*). 9 fr.
CYON (E. de). **L'oreille**, illustré. 6 fr.

Précédemment parus :

Sauf indication spéciale, tous ces volumes se vendent **6** *francs.*

ANDRADE (J.). **Le mouvement**, illustré.
ANGOT. **Les aurores polaires**, illustré.
ARLOING. **Les virus**, illustré.
BAGEHOT. **Lois scientifiques du développement des nations**, 7e édition.
BAIN (ALEX.). **L'esprit et le corps**, 7e édition.
— **La science de l'éducation**, 12e édition.
BENEDEN (VAN). **Les commensaux et les parasites dans le règne animal**, 4e édition, illustré.
BERNSTEIN. **Les sens**, 5e édition, illustré.
BERTHELOT, de l'Institut. **La synthèse chimique**, 10e éd.
— **La révolution chimique, Lavoisier**, ill., 2e édition.
BINET. **Les altérations de la personnalité**, 2e édition.
BINET et FÉRÉ. **Le magnétisme animal**, 5e éd., illustré.
BOURDEAU (L.). **Histoire du vêtement et de la parure.**
BRUNACHE. **Le centre de l'Afrique; autour du Tchad**, ill.
CANDOLLE (A. DE). **Origine des plantes cultivées**, 4e édit.
CARTAILHAC. **La France préhistorique**, 2e éd., illustré.
CHARLTON BASTIAN. **Le cerveau et la pensée**, 2e éd., 2 vol. illustrés.
— **L'évolution de la vie**, avec figures dans le texte et 12 planches hors texte.
COLAJANNI. **Latins et Anglo-Saxons.** 9 fr.
CONSTANTIN (Cne). **Le rôle sociologique de la guerre et le sentiment national.**
COOKE et BERKELEY. **Les champignons**, 4e éd., illustré.
COSTANTIN (J.). **Les végétaux et les milieux cosmiques** (*Adaptation, évolution*), illustré.
— **La nature tropicale**, illustré.
— **Le transformisme appliqué à l'agriculture**, illustré.
CUÉNOT (L.). **La genèse des espèces animales.** (*Cour. par l'Acad. des sciences.*) Illustré. 12 fr.
DAUBRÉE, de l'Institut. **Les régions invisibles du globe et des espaces célestes**, 2e édition, illustré.
DEMENY (G.). **Les bases scientifiques de l'éducation physique**, 5e éd., illustré.
— **Mécanisme et éducation des mouvements**, 4e éd. 9 fr.
DEMOOR, MASSART et VANDERVELDE. **L'évolution régressive en biologie et en sociologie**, illustré.
DRAPER. **Les conflits de la science et de la religion.** 12e éd.

DUMONT (Léon). **Théorie scientifique de la sensibilité**, 4e éd.
GELLÉ (E.-M.). **L'audition et ses organes**, illustré.
GRASSET (J.). **Les maladies de l'orientation et de l'équilibre**, illustré.
GROSSE (E.). **Les débuts de l'art**, illustré.
GUIGNET (E.) et E. GARNIER. **La céramique ancienne et moderne**, illustré.
HUXLEY (Th.-H.). **L'écrevisse**, 2e édition, illustré
JACCARD. **Le pétrole, le bitume et l'asphalte**, illustre.
JAVAL. **Physiologie de la lecture et de l'écriture**, 2e éd. illustré.
LAGRANGE (F.). **Physiologie des exercices du corps**, 10e éd.
LALOY. **Parasitisme et mutualisme dans la nature**, ill.
LANESSAN (De). **Principes de colonisation.**
LE DANTEC. **Théorie nouvelle de la vie**, 5e éd., illustré.
— **Évolution individuelle et hérédité.** 2e édit.
— **Les lois naturelles**, illustré.
— **La stabilité de la vie.**
LOEB. **La dynamique des phénomènes de la vie**, ill. 9 fr.
LUBBOCK. **Les sens et l'instinct chez les animaux**, ill.
MALMÉJAC. **L'eau dans l'alimentation**, illustré.
MAUDSLEY. **Le crime et la folie**, 7e édition.
MEUNIER (Stanislas). **La géologie comparée**, illustré.
— **Géologie expérimentale**, 2e éd., illustré.
— **La géologie générale**, 2e édit., illustré.
MEYER (De). **Les organes de la parole**, illustré.
MORTILLET (G. De). **Formation de la nation française**, 2e édition, illustré.
NIEWENGLOWSKI. **La photographie et la photochimie**, illust.
NORMAN LOCKYER. **L'évolution inorganique**, illustré.
PERRIER (Ed.), de l'Institut. **La philosophie zoologique avant Darwin**, 3e édition.
PETTIGREW. **La locomotion chez les animaux**, 2e éd., ill.
QUATREFAGES (A. De). **L'espèce humaine**, 15e édition.
— **Darwin et ses précurseurs français**, 2e édition.
— **Les émules de Darwin**, 2 vol.
RICHET (Ch.). **La chaleur animale**, illustré.
ROCHÉ. **La culture des mers en Europe**, illustré.
ROUBINOVITCH (Dr J.). **Aliénés et anormaux.** (*Cour. par l'Acad. de Médecine*). Illustré. 6 fr.
SCHMIDT. **Les mammifères dans leurs rapports avec leurs ancêtres géologiques**, illustré.
SCHUTZENBERGER, de l'Institut. **Les fermentations**, 6e édit. illustré.
SECCHI (Le Père). **Les étoiles**, 3e édit., 2 vol. illustrés.
SPENCER (H.) **Introduction à la science sociale**, 14e éd.
— **Les bases de la morale évolutionniste**, 7e édition.
STALLO. **La matière et la physique moderne**, 3e édition.
STARCKE. **La famille primitive.**
STEWART (Balfour). **La conservation de l'énergie**, 6e éd.
THURSTON. **Histoire de la machine à vapeur**, 3e éd., 2 vol.
TOPINARD. **L'homme dans la nature**, illustré.
VRIES (H. de). **Espèces et variétés**, 1 vol. 12 fr.
WURTZ, de l'Institut. **La théorie atomique**, 8e édition.

NOUVELLE COLLECTION SCIENTIFIQUE

DIRECTEUR : ÉMILE BOREL, professeur à la Sorbonne.

VOLUMES IN-16 A 3 FR. 50 L'UN

Derniers volumes publiés.

La question de la population, par Paul LEROY-BEAULIEU, membre de l'Institut, professeur au Collège de France.

Les atomes, par Jean PERRIN, professeur de chimie physique à la Sorbonne. Avec gravures.

Le Maroc physique, par L. GENTIL, prof. adjoint à la Sorbonne. Avec cartes.

Précédemment parus.

Éléments de philosophie biologique, par F. LE DANTEC, chargé du cours de biologie générale à la Sorbonne. 3e éd.

La voix. *Sa culture physiologique. Théorie nouvelle de la phonation*, par le Dr P. BONNIER, laryngologiste de la clinique médicale de l'Hôtel-Dieu. Avec grav. 4e éd.

De la méthode dans les sciences (*1re série*) :
Avant-propos, par P.-F. THOMAS. — *De la science*, par ÉMILE PICARD. — *Mathématiques pures*, par J. TANNERY. — *Mathématiques appliquées*, par P. PAINLEVÉ. — *Physique générale*, par M. BOUASSE. — *Chimie*, par M. JOB. — *Morphologie générale*, par A. GIARD. — *Physiologie*, par F. LE DANTEC. — *Sciences médicales*, par PIERRE DELBET. — *Psychologie*, par TH. RIBOT. — *Sciences sociales*, par E. DURKHEIM. — *Morale*, par L. LÉVY-BRUHL. — *Histoire*, par G. MONOD. 2e éd.

De la Méthode dans les sciences (*2e série*) :
Avant-propos, par ÉMILE BOREL. — *Astronomie, jusqu'au milieu du XVIIIe siècle*, par B. BAILLAUD. — *Chimie physique*, par JEAN PERRIN. — *Géologie*, par LÉON BERTRAND. — *Paléobotanique*, par R. ZEILLER. — *Botanique*, par LOUIS BLARINGHEM. — *Archéologie*, par SALOMON REINACH. — *Histoire littéraire*, par GUSTAVE LANSON. — *Statistique*, par LUCIEN MARCH. — *Linguistique*, par A. MEILLET. 2e édition.

L'éducation dans la famille. *Les péchés des parents*, par P.-F. THOMAS, professeur au lycée Hoche. 4e édit. (*Couronné par l'Institut*).

La crise du transformisme, par F. LE DANTEC. 2e édit.

L'énergie, par W. OSTWALD, prof. honoraire à l'Université de Leipzig (prix Nobel de 1909), traduit de l'allemand par E. PHILIPPI, licencié ès sciences. 3e édit.

Les états physiques de la matière, par CH. MAURAIN, professeur à la Faculté des Sciences de Caen. 2e édit. avec figures.

La chimie de la matière vivante, par JACQUES DUCLAUX, préparateur à l'Institut Pasteur. 2e édit.

L'aviation, par PAUL PAINLEVÉ et ÉMILE BOREL. 5e édit., revue et augmentée. Avec figures.

La race slave, *statistique, démographie, anthropologie*, par LUBOR NIEDERLE, professeur à l'Université de Prague. Traduit du tchèque et précédé d'une préface par L. LEGER, de l'Institut. Avec une carte en couleurs hors texte.

L'évolution des théories géologiques, par STANISLAS MEUNIER, professeur au Muséum d'Histoire naturelle. Avec gravures.

Science et philosophie, par J. TANNERY, de l'Institut, avec une notice par E. BOREL.

Le transformisme et l'expérience, par E. RABAUD, maître de conférences à la Sorbonne. Avec gravures.

L'Évolution de l'Électrochimie, par W. OSTWALD, professeur à l'Université de Leipzig. Traduit de l'allemand par E. PHILIPPI, licencié ès sciences.

L'Artillerie de campagne, par E. BUAT, chef d'escadrons au 25e régiment d'artillerie de campagne. *Son histoire, son évolution, son état actuel.* Avec 75 grav.

COLLECTION MÉDICALE

ÉLÉGANTS VOLUMES IN-12, CARTONNÉS A L'ANGLAISE, A 6, 4 ET 3 FRANCS

DERNIERS VOLUMES PUBLIÉS :

Bréviaire de l'arthritique, par le Dr M. de Fleury, membre de l'Académie de médecine. 4 fr.

Manuel de pathologie. *A l'usage des sages-femmes et des mères*, par le Dr H. Dufour, médecin de l'hôpital de la Maternité, avec 53 grav. dans le texte et 14 planches en couleur hors texte. 6 fr.

La médecine préventive du premier âge, par le Dr P. Londe, ancien interne des hôpitaux de Paris. 4 fr.

Manuel de psychiatrie, par le Dr Rogues de Fursac, médecin en chef des asiles de la Seine. 4e édit., revue et augmentée. 4 fr.

La démence précoce. *Étude psychologique, médicale et médico-légale*, par le Dr Constanza Pascal, médecin des asiles publics d'aliénés. 4 fr.

Hygiène de l'alimentation dans l'état de santé et de maladie, par le Dr J. Laumonier, avec gravures. 4e édition entièrement refondue. 4 fr.

PRÉCÉDEMMENT PARUS :

Manuel de pratique obstétricale à l'usage des sages-femmes, par le Dr E. Paquy, avec 107 gravures dans le texte. 4 fr.

Essais de médecine préventive, par le Dr P. Londe. 4 fr.

La joie passive, par le Dr R. Mignard. Préface du Dr G. Dumas. 4 fr.

Guide pratique de puériculture, à l'usage des docteurs en médecine et des sages-femmes, par le Dr Deléarde. 4 fr.

La mimique chez les aliénés, par le Dr G. Dromard. 4 fr.

L'amnésie, par les Drs G. Dromard et J. Levassort. 4 fr.

La mélancolie, par le Dr R. Masselon, médecin adjoint à l'asile de Clermont. (*Couronné par l'Académie de médecine.*) 4 fr.

Essai sur la puberté chez la femme, par Mlle le Dr Marthe Francillon, ancien interne des hôpitaux de Paris. 4 fr.

Les nouveaux traitements, par le Dr J. Laumonier. 2e éd. 4 fr.

Les embolies bronchiques tuberculeuses, par le Dr Ch. Sabourin, médecin du sanatorium de Durtol, avec gravures. 4 fr.

Manuel d'électrothérapie et d'électrodiagnostic, par le Dr E. Albert-Weil, avec 88 gravures. 2e éd. 4 fr.

La mort réelle et la mort apparente, *diagnostic et traitement de la mort apparente*, par le Dr S. Icard, avec gravures. 4 fr.

L'hygiène sexuelle et ses conséquences morales, par le Dr S. Ribbing, prof. à l'Univ. de Lund (Suède). 4e édit. 4 fr.

Hygiène de l'exercice chez les enfants et les jeunes gens, par le Dr F. Lagrange, lauréat de l'Institut. 9e édit. 4 fr.

De l'exercice chez les adultes, par *le même*. 7e édition. 4 fr.

Hygiène des gens nerveux, par le Dr Levillain, avec gravures. 6e éd. 4 fr.

L'éducation rationnelle de la volonté, son emploi thérapeutique, par le Dr Paul-Emile Lévy. Préface de M. le prof. Bernheim. 8e édition. 4 fr.

L'idiotie. *Psychologie et éducation de l'idiot*, par le Dr J. Voisin, médecin de la Salpêtrière, avec gravures. 4 fr.

La famille névropathique, *Hérédité, prédisposition morbide, dégénérescence*, par le Dr Ch. Féré, médecin de Bicêtre, avec gravures. 2e édition. 4 fr.

L'instinct sexuel. *Évolution, dissolution*, par *le même*. 3e éd. 4 fr.

Le traitement des aliénés dans les familles, par *le même.* 3e édition. 4 fr.

L'hystérie et son traitement, par le Dr Paul Sollier. 4 fr.

Manuel de percussion et d'auscultation, par le Dr P. Simon, professeur à la Faculté de médecine de Nancy, avec grav. 4 fr.

La fatigue et l'entraînement physique, par le Dr Ph. Tissié, avec gravures. Préface de M. le prof. Bouchard. 3e édition. 4 fr.

Les maladies de la vessie et de l'urèthre chez la femme, par le Dr Kolischer; trad. de l'allemand par le Dr Beuttner, de Genève; avec gravures. 4 fr.

Grossesse et accouchement, *Étude de socio-biologie et de médecine légale* par le Dr G. Morache, professeur de médecine légale à l'Université de Bordeaux. 4 fr.

Naissance et mort, *Étude de socio-biologie et de médecine légale*, par *le même*. 4 fr.

La responsabilité, *Étude de socio-biologie et de médecine légale*, par le Dr G. Morache, prof. de médecine légale à l'Université de Bordeaux, associé de l'Académie de médecine. 4 fr.

Traité de l'intubation du larynx *de l'enfant et de l'adulte, dans les sténoses laryngées aiguës et chroniques*, par le Dr A. Bonain, avec 42 gravures. 4 fr.

Pratique de la chirurgie courante, par le Dr M. Cornet, Préface du Pr Ollier, avec 111 gravures. 4 fr.

Dans la même collection :

COURS DE MÉDECINE OPÉRATOIRE

de M. le Professeur **Félix Terrier** :

Petit manuel d'antisepsie et d'asepsie chirurgicales, par les Drs Félix Terrier, professeur à la Faculté de médecine de Paris, et M. Péraire, ancien interne des hôpitaux, avec grav. 3 fr.

Petit manuel d'anesthésie chirurgicale, par *les mêmes*, avec 37 gravures. 3 fr.

L'opération du trépan, par *les mêmes*, avec 222 grav. 4 fr.

Chirurgie de la face, par les Drs Félix Terrier, Guillemain et Malherbe, avec gravures. 4 fr.

Chirurgie du cou, par *les mêmes*, avec gravures. 4 fr.

Chirurgie du cœur et du péricarde, par les Drs Félix Terrier et E. Reymond, avec 79 gravures. 3 fr.

Chirurgie de la plèvre et du poumon, par *les mêmes*, avec 67 gravures. 4 fr.

MÉDECINE

Dernières publications :

BEURMANN (DE) ET GOUGEROT. **Les sporotrichoses.** 1 fort vol. gr. in-8 avec 181 fig. et 8 planches. 20 fr.

HALLOPEAU (Paul), chirurgien des Hôpitaux de Paris **La désarticulation temporaire dans le traitement des tuberculoses du pied.** 1 vol. in-8, avec 35 planches hors texte (*Annales de la clinique chirurgicale du professeur Pierre Delbet*). 10 fr.

Manuel pratique de Kinésithérapie, par L. DUREY, R. HIRSCHBERG, R. LEROY, R. MESNARD, G. ROSENTHAL, H. STAPFER, F. WETTERWALD, E. ZANDER J[or].

Publié en 7 fascicules in-8 se vendant séparément ou en 2 fort vol. in-8, *ensemble*. 25 fr.

Fascicule I. *Le rôle thérapeutique du mouvement. Notions générales* (WETTERWALD). *Maladies de la circulation* (E. ZANDER J[or]). 1 vol. in-8, avec 75 figures. 3 fr.

— II. *Gynécologie* (H. STAPFER). 1 vol. in-8, avec 12 fig. 4 fr.

— III. *Maladies respiratoires* (*méthode de l'exercice physiologique de la respiration*) (G. ROSENTHAL). 1 vol. in-8, avec 50 figures. 5 fr.

— IV. *Kinisétherapie orthopédique* (RENÉ MESNARD). 1 vol. in-8, avec 91 fig. 3 fr.

— V. *Maladies de la nutrition* (WETTERWALD). *Maladies de la peau* (R. LEROY). 1 vol. in-8, avec 47 figures. 4 fr.

— VI. *Les traumatismes et leurs suites* (L. DUREY). 1 vol. in-8, avec 32 figures. 4 fr.

— VII. *La rééducation motrice* (R. HIRSCHBERG). 1 vol. in-8, avec 38 figures. 3 fr.

OBERLAENDER (F.-M.) ET KOLLMANN (A.). **La blennorrhagie chronique et ses complications.** Traduit par le Dr C. LEPOUTRE. 1 vol. gr. in-8 avec 178 fig. et 3 planches en couleurs hors texte. 15 fr.

STEWART (Dr PIERRE). **Le diagnostic des maladies nerveuses.** Traduction et adaptation française, par le Dr GUSTAVE SCHERB. Préface de M. le Dr E. HELME. 1 vol. in-8 avec 208 fig. et diagrammes. 15 fr.

PRÉCÉDEMMENT PARUS :

Pathologie et thérapeutique médicales.

CAMUS ET PAGNIEZ. **Isolement et psychothérapie.** *Traitement de la neurasthénie.* Préface du Pr DÉJERINE. 1 vol. gr. in-8. 9 fr.

Conférence internationale du cancer (2e). Tenue à Paris du 1er au 5 octobre 1910. Travaux publiés sous la direction de M. le Prof. Pierre DELBET et du Dr R. LEDOUX-LEBARD. 1 vol. gr. in-8. 20 fr.

CORNIL (V.), RANVIER, BRAULT ET LETULLE. **Manuel d'histologie pathologique.** 3e édition, entièrement remaniée.

TOME I, par MM. RANVIER, CORNIL, BRAULT, F. BEZANÇON et M. CAZIN. *Histologie normale. Cellules et tissus normaux. Généralités sur l'histologie pathologique. Altération des cellules et des tissus. Inflammations. Tumeurs. Notions sur les bactéries. Maladies des systèmes et des tissus. Altérations du tissu conjonctif.* 1 vol. in-8, avec 387 grav. en noir et en coul. 25 fr.

TOME II, par MM. DURANTE, JOLLY, DOMINICI, GOMBAULT et PHILIPPE. *Muscles. Sang et hématopoïèse. Généralités sur le système nerveux.* 1 vol. in-8, avec 278 grav. en noir et en couleurs. 25 fr.

TOME III, par MM. GOMBAULT, NAGEOTTE, A. RICHE, R. MARIE, DURANTE, LEGRY, F. BEZANÇON. *Cerveau. Moelle. Nerfs. Cœur. Larynx. Ganglion lymphatique. Rate.* 1 vol. in-8, avec 382 grav. en noir et en couleurs. 35 fr.

TOME IV ET DERNIER, par MM. MILIAN, DIEULAFÉ, DECLOUX, RIBADEAU-DUMAS, CRITZMANN, COURCOUX, BRAULT, LEGRY, HALLÉ, KLIPPEL et LEFAS. *Poumon. Bouche. Tube digestif. Estomac. Intestin. Foie. Rein. Vessie et urèthre. Pancréas.* 2 vol. in-8. 45 fr.

DESCHAMPS (A.). **Les maladies de l'énergie.** Les asthénies générales. *Épuisements, insuffisances, inhibitions.* (Clinique et Thérapeutique). Préface de M. le professeur RAYMOND. 1 vol. In-8. 2e édit. 8 fr.

FINGER (E.). **La syphilis et les maladies vénériennes.** Trad. par les Drs SPILLMANN et DOYON. 3e édit. Avec 8 pl. h. texte. 12 fr.

FLEURY (M. DE), de l'Académie de médecine. **Introduction à la médecine de l'esprit.** 9e édit. 1 vol. in-8. 7 fr. 50

— **Les grands symptômes neurasthéniques.** 4e éd. In-8. 7 fr. 50

— **Manuel pour l'étude des maladies du système nerveux.** 1 vol. gr. in-8, avec 132 grav. en noir et en couleurs, cart. à l'angl. 25 fr.

FRENKEL (H. S.). **L'ataxie tabétique.** *Ses origines, son traitement.* Préface de M. le Prof. RAYMOND. 1 vol. in-8. 8 fr.

HARTENBERG (P.). **Psychologie des neurasthéniques.** 2e édition. 1 vol. in-16. 3 fr. 50

— **L'hystérie et les hystériques.** 1 vol. in-16. 3 fr. 50

JANET (P.) ET RAYMOND (F.). **Névroses et idées fixes.**

TOME I. — *Etudes expérimentales,* par P. JANET. 2e éd. 1 vol. gr. in-8 avec 68 gr. 12 fr.

TOME II. — *Fragments des leçons cliniques,* par F. RAYMOND et P. JANET. 2e éd. 1 vol. grand in-8, avec 97 gravures. 14 fr.

(*Couronné par l'Académie des Sciences et par l'Académie de médecine.*)

JANET (P.) ET RAYMOND (F.). **Les obsessions et la psychasthénie.**

TOME I. — *Études cliniques et expérimentales,* par P. JANET. 2e édit. 1 vol. gr. in-8, avec grav. dans le texte. 18 fr.

TOME II. — *Fragments des leçons cliniques,* par F. RAYMOND et P. JANET. 2e édit. 1 vol. in-8 raisin, avec 22 gravures dans le texte. 14 fr.

JANET (Dr Pierre). **L'État mental des hystériques.** 2e édition. 1 vol. in-8, avec gravures dans le texte. 18 fr.

JOFFROY (le prof.) ET DUPOUY. **Fugues et vagabondage.** 1 vol. in-8. 7 fr.

LABADIE-LAGRAVE ET LEGUEU. **Traité médico-chirurgical de gynécologie.** 3e édition, entièrement remaniée. 1 vol. grand in-8, avec nombreuses fig., cart. à l'angl. 25 fr.

LE DANTEC (F.). **Introduction à la pathologie générale.** 1 fort vol. gr. in-8. 15 fr.

LEPINE (le prof. R.). **Le diabète sucré.** 1 vol. gr. in-8 16 fr.

MACKENSIE (Dr J.). **Les maladies du cœur.** Traduit par le Dr FRANÇON. Préface du Dr H. VAQUEZ. 1 vol. in-8 avec 280 fig. 15 fr.

MARIE (Dr A.). **Traité international de psychologie pathologique.** TOME I : *Psychopathologie générale,* par MM. les Prs GRASSET, DEL GRECO, Dr A. MARIE, Prof. MALLY, MINGAZZINI, Drs DIDE, KLIPPEL, LEVADITI, LUGARO, MARINESCO, MÉDÉA, L. LAVASTINE, Prof. MABRO, CLOUSTON, BECHTEREW, FERRARI, Prof. CARRARRA. 1 vol. gr. in-8, avec 353 gr. dans le texte. 25 fr.

TOME II : *Psychopathologie clinique,* par MM. les Prs BAGENOFF, BECHTEREW, Drs COLIN, CAPGRAS, DENY, HESNARD, LHERMITTE, MAGNAN, A. MARIE, Prs PICK, PILCZ, Drs RICHE, ROUBINOVITCH, SÉRIEUX, SOLLIER, Pr ZIEHEN, 1 vol. gr. in-8, avec 341 gr. 25 fr.

TOME III ET DERNIER. *Psychologie appliquée,* par MM. les Prof. BAGENOFF, BIANCHI, SIKORSKY, G. DUMAS, HAVELOCK-ELLIS, Drs CULLERRE, A. MARIE, DEXLER, Prof. SALOMONSEN. 1 vol. gr. in-8 avec grav.

MOSSÉ. **Le diabète et l'alimentation aux pommes de terre.** 1 vol. in-8. 5 fr.

REVAULT D'ALLONNES (Dr G.). **L'affaiblissement intellectuel chez les déments.** 1 vol. in-8. 5 fr.

SERIEUX et CAPGRAS. **Les folies raisonnantes.** 1 vol. in-8. 7 fr.

SOLLIER (P.). **Genèse et nature de l'hystérie.** 2 vol. in-8. 20 fr.

Pathologie et thérapeutique chirurgicales.

BOECKEL (J. et A.). **Des fractures du rachis cervical sans symptômes médullaires.** 1 vol. in-8 avec planches. 8 fr.

CORNIL (le prof. V.). **Les tumeurs du sein.** 1 vol. gr. in-8, avec 169 fig. dans le texte. 12 fr.

DURET (H.). **Les tumeurs de l'encéphale.** *Manifestations et chirurgie.* 1 fort vol. gr. in-8, avec 300 figures. 20 fr.

ESTOR (le prof.). **Guide pratique de chirurgie infantile.** 1 vol. in-8, avec 165 gravures. 2e édition, revue et augmentée. 8 fr.

HENNEQUIN ET LOEWY. **Les luxations des grandes articulations, leur traitement pratique.** 1 vol. gr. in-8, avec 125 grav. dans le texte. 16 fr.

LE DAMANY (Dr P.). **La luxation congénitale de la hanche.** 1 fort vol. gr. in-8 avec 486 fig. 15 fr.

LEGUEU (Prof. F.). **Traité chirurgical d'urologie.** Préface de M. le Prof. GUYON. 1 fort vol. gr. in-8 de VIII-1382 p., avec 663 grav. dans le texte et 8 pl. en couleurs hors texte, cartonné à l'angl. 40 fr.

— **Leçons de clinique chirurgicale** (Hôtel-Dieu, 1901). 1 vol. grand in-8, avec 71 gravures dans le texte. 12 fr.

MONOD (Pr Ch.) ET VANVERTS (J.). **Chirurgie des artères,** *Rapport au XXIIe Congrès de chirurgie.* 1 vol. in-8. 2 fr.

NIMIER (H.). **Blessures du crâne et de l'encéphale par coup de feu.** 1 vol. in-8, avec 150 fig. 15 fr.

NIMIER (H.) ET LAVAL. **Les projectiles de guerre.** 1 v. in-12, av. gr. 3 fr.

— **Les explosifs, les poudres, les projectiles d'exercice,** leur action et leurs effets vulnérants. 1 vol. in-12, avec grav. 3 fr.

— **Les armes blanches,** leur action et leurs effets vulnérants. 1 vol. in-12, avec grav. 6 fr.

— **De l'infection en chirurgie d'armée,** 1 v. in-12, avec gr. 6 fr.

— **Traitement des blessures de guerre.** 1 fort vol. in-12, avec gravures. 6 fr.

REVERDIN (Pr J.-L.). **Leçons de chirurgie de guerre.** *Des blessures faites par les balles des fusils.* Préface de H. NIMIER. 1 vol. in-8, avec 7 pl. en phototypie hors texte. 7 fr. 50

TERRIER (F.) ET AUVRAY (M.). **Chirurgie du foie et des voies biliaires.** — TOME I. *Traumatismes du foie et des voies biliaires. — Foie mobile. — Tumeurs du foie et des voies biliaires.* 1 vol. gr. in-8, avec 50 gravures. 10 fr.

TOME II. *Echinococcose hydatique commune. — Kystes alvéolaires. — Suppurations hépatiques. — Abcès tuberculeux intra-hépatique. — Abcès de l'actinomycose.* 1 vol. gr. in-8, avec 47 gravures. 12 fr.

Thérapeutique. Pharmacie. Hygiène.

BOSSU. **Petit compendium médical.** 6e édit. in-32, cart. 1 fr. 25

BOUCHARDAT. **Nouveau formulaire magistral.** 34e édition. *Collationnée avec le Codex de 1908.* 1 vol. in-18, cart. 4 fr.

BOUCHARDAT ET DESOUBRY. **Formulaire vétérinaire,** 6e édit. 1 vol. in-18, cartonné. 4 fr.

BOUCHUT ET DESPRÉS. **Dictionnaire de médecine et de thérapeutique médicale et chirurgicale,** comprenant le résumé de la médecine et de la chirurgie, les indications thérapeutiques de chaque maladie, la médecine opératoire, les accouchements, l'oculistique, l'odontotechnie, les maladies d'oreilles, l'électrisation, la matière médicale, les eaux minérales, et un formulaire spécial pour chaque maladie, mis au courant de la science par les Drs MARION et F. BOUCHUT. 7e édition, très augmentée, 1 vol. in-4, avec 1097 fig. dans le texte et 3 cartes. Broché, 25 fr.; relié. 30 fr.

HARTENBERG (Dr P.). **Traitement des neurasthéniques.** 1 vol. in-16. 3 fr. 50

LAGRANGE (F.). **La médication par l'exercice.** 1 vol. grand in-8, avec 68 grav. et une carte en couleurs. 3e éd. 12 fr.

— **Les mouvements méthodiques et la « mécanothérapie ».** 1 vol. in-8, avec 55 gravures. 10 fr.

LAGRANGE (F.). **Le traitement des affections du cœur par l'exercice et le mouvement.** 1 vol. in-8 avec figures. 6 fr.

— **La fatigue et le repos.** 1 vol. in-8, publié avec le concours du Dr DE GRANDMAISON. 1 vol. in-8. 6 fr.

LAHOR (Dr Cazalis) et Lucien GRAUX. **L'alimentation à bon marché saine et rationnelle.** 1 vol. in-16. 2e édit. 3 fr. 50

LÉVY (Dr P.-E.). **Neurasthénie et névroses.** *Leur guérison définitive en cure libre.* 2e édit. 1 vol. in-16. 5 fr.

RICHET (Pr CH.). **L'anaphylaxie.** 2e édit. 1 vol. in-16. 3 fr. 50

UNNA. **Thérapeutique des maladies de la peau.** Traduit de l'allemand par les Drs DOYON et SPILLMANN. 1 vol. gr. in-8. 8 fr.

Anatomie. Physiologie.

BELZUNG. **Anatomie et physiologie animales.** 10e édition revue. 1 fort vol. in-8, avec 522 grav. dans le texte, broché, 6 fr.; cart. 7 fr.

CHASSEVANT. **Précis de chimie physiologique.** 1 vol. gr. in-8, avec figures. 10 fr.

CYON (E. DE). **Les nerfs du cœur.** 1 vol. gr. in-8 avec fig. 6 fr.

DEBIERRE. **Atlas d'ostéologie.** 1 vol. in-4, avec 253 grav. en noir et en couleurs, cart. toile dorée. 12 fr.

DEMENY (G.). **Mécanisme et éducation des mouvements.** 4e éd. 1 vol. in-8, avec grav. cart. 9 fr.

DUBUISSON (P.) ET VIGOUROUX (A.). **Responsabilité pénale et folie.** 1 vol. in-8. 7 fr. 50

DUPOUY (R.). **Les Opiomanes.** *Mangeurs, buveurs et fumeurs d'opium.* 1 vol. in-8. 5 fr.

GELLÉ. **L'audition et ses organes.** 1 vol. in-8, avec grav. 6 fr.

GLEY (E.). **Études de psychologie physiologique et pathologique.** 1 vol. in-8, avec gravures. 5 fr.

JAVAL (E.). **Physiologie de la lecture et de l'écriture.** 1 vol. in-8. 2e édit. 6 fr.

LE DANTEC. **L'unité dans l'être vivant.** *Essai d'une biologie chimique.* 1 vol. in-8. 7 fr. 50

— **Les limites du connaissable.** *La vie et les phénomènes naturels.* 2e édit. 1 vol. in-8. 3 fr. 75

— **Traité de biologie.** 2e éd. 1 vol. grand in-8, avec fig. 15 fr.

RICHET (Ch.), professeur à la Faculté de médecine de Paris, **Dictionnaire de physiologie**, publié avec le concours de savants français et étrangers. Formera 12 à 15 volumes grand in-8, se composant chacun de 3 fascicules; chaque volume, 25 fr.; chaque fascicule, 8 fr. 50. Huit volumes parus.

TOME I (*A-Bac*). — TOME II (*Bac-Cer*). — TOME III (*Cer-Cob*). — TOME IV (*Cob-Dig*). — TOME V (*Dig-Fac*). — TOME VI (*Fiam-Gal*). — TOME VII (*Gal-Gra*). — TOME VIII (*Gra-Hys*).

SNELLEN. **Echelle typographique pour mesurer l'acuité de la vision.** 17e édition. 4 fr.

REVUE DE MÉDECINE

Directeurs : MM. les Professeurs BOUCHARD, de l'Institut; CHAUFFARD, CHAUVEAU, de l'Institut; LANDOUZY; LÉPINE, correspondant de l'Institut; PITRES; ROGER et VAILLARD. Rédacteurs en chef : MM. LANDOUZY et LÉPINE. Secrétaire de la Rédaction : JEAN LÉPINE. Secrétaire adjoint : R. DEBRÉ.

REVUE DE CHIRURGIE

Directeurs : MM. les Professeurs E. QUÉNU, PIERRE DELBET, PIERRE DUVAL, A. PONCET, F. LEJARS, F. GROSS, E. FORGUE, A. DESMONS, E. CESTAN. Rédacteur en chef : E. QUÉNU, Secrétaire de la rédaction : X. DELORE.

La *Revue de médecine* et la *Revue de chirurgie* paraissent tous les mois; chaque livraison de la *Revue de médecine* contient de 5 à 6 feuilles grand in-8, avec gravures; chaque livraison de la *Revue de chirurgie* contient de 10 à 14 feuilles grand in-8, avec gravures.

32e année, 1913.

PRIX D'ABONNEMENT :

Pour la Revue de Médecine. Un an, du 1er janvier, Paris. 20 fr. — Départements et étranger. 23 fr. — La livraison : 2 fr.

Pour la Revue de Chirurgie. Un an, du 1er janvier, Paris. 30 fr. — Départements et étranger. 33 fr. — La livraison : 3 fr.

Les **deux Revues** réunies : un, an Paris, 45 fr. départ. et étranger. 50 fr.

JOURNAL DE L'ANATOMIE
et de la Physiologie normales et pathologiques
de l'homme et des animaux.

Rédacteurs en chef : MM. les professeurs RETTERER et TOURNEUX.
Avec le concours de MM. BRANCA, G. LOISEL et A. SOULIÉ.

50e année, 1913. — PARAIT TOUS LES DEUX MOIS.

ABONNEMENT, un an. : Paris, **30** fr.; départ et étr., **33** fr. La livr. **6** fr.

JOURNAL DE PSYCHOLOGIE
normale et pathologique.

DIRIGÉ PAR LES DOCTEURS

PIERRE JANET, Professeur au Collège de France. ET G. DUMAS, Professeur-adjoint à la Sorbonne.

10e année, 1913. — PARAIT TOUS LES DEUX MOIS.

ABONNEMENT, un an, du 1er janvier, **14** fr. — La livraison, **2** fr. **60**

Le prix est de 12 fr. pour les abonnés de la Revue philosophique.

REVUE ANTHROPOLOGIQUE

faisant suite à la *Revue de l'École d'Anthropologie de Paris.*

Recueil mensuel publié par les professeurs de l'Ecole d'Anthropologie.

ABONNEMENT, un an, du 1er janvier : France et Etranger, **10** fr.

La livraison, **1** fr.

ÉCONOMIE POLITIQUE — SCIENCE FINANCIÈRE

COLLECTION DES ÉCONOMISTES ET PUBLICISTES CONTEMPORAINS

FORMAT IN-8.

VOLUMES RÉCEMMENT PUBLIÉS

ARNAUNÉ (A.), ancien directeur de la Monnaie, membre de l'Institut. **La monnaie, le crédit et le change.** 5e édition, revue et augmentée. 1 vol. in-8. . . . . 8 fr.

— **Le commerce extérieur et les tarifs de douane.** 1 vol. in-8. . 8 fr.

BLOCH (R.) et CHAUMEL (H). **Traité théorique et pratique des conseils de Prud'hommes.** 1 vol. in-8. . . . . 12 fr.

LEROY-BEAULIEU (P.), de l'Institut. **Traité de la science des finances.** 8e édition, revue et augmentée. 2 forts vol. in-8 . . . . 25 fr.

MARTIN (E.). **Histoire financière et économique de l'Angleterre** (1066-1902). 2 vol. in-8. . . . . 20 fr.

PINOT (P.) et COMOLET-TIRMAN (J.). **Traité des retraites ouvrières.** 2e éd., revue et mise à jour. 1 vol. in-8. . . . . 6 fr.

RAFFALOVICH (A.). **Le marché financier** (1911-1912). 1 vol. gr. in-8. 12 fr.

PRÉCÉDEMMENT PARUS

ANTOINE (Ch.). **Cours d'économie sociale.** 4e édition, revue et augmentée. 1 vol. in-8. . . . . 9 fr.

BLANQUI, de l'Institut. **Histoire de l'économie politique en Europe,** *depuis les Anciens jusqu'à nos jours*, 5e édition. 1 vol. in-8. . . . 8 fr.

BLUNTSCHLI. **Théorie générale de l'État,** traduit de l'allemand par M. DE RIEDMATTEN. 3e édition. 1 vol. in-8. . . . . 9 fr.

COLSON (C.), de l'Institut. **Cours d'économie politique,** professé à l'École nationale des ponts et chaussées.

Livre I. — *Théorie générale des phénomènes économiques.* 2e édition revue et augmentée. . . . . 6 fr.

— II. — *Le travail et les questions ouvrières.* 3e tirage. . . 6 fr.

— III. — *La propriété des biens corporels et incorporels.* 2e tirge. 6 fr.

— IV. — *Les entreprises, le commerce et la circulation.* 2e tirge. 6 fr.

— V. — *Les finances publiques et le budget de la France.* . 6 fr.

— VI. — *Les travaux publics et les transports.* . . . . . 6 fr.

— SUPPLÉMENT ANNUEL aux *Livres IV, V et VI*, (1911) broch. in-8. 1 fr.

COURCELLE-SENEUIL, de l'Institut. **Traité théorique et pratique d'économie politique.** 3e édition, revue et corrigée. 2 vol. in-18. 7 fr.

— **Traité théorique et pratique des opérations de banque.** *Dixième édition, revue et mise à jour*, par A. LIESSE, professeur au Conservatoire des arts et métiers. 1 vol. in-8. . . . . 9 fr.

COURTOIS (A.). **Histoire des banques en France.** 2e édition. 1 v. in-8. 8 fr. 50

EICHTHAL (Eugène d'), de l'Institut. **La formation des richesses et ses conditions sociales actuelles,** *notes d'économie politique.* . . 7 fr. 50

FIX (Th.). **Observations sur l'état des classes ouvrières.** In-8. . 5 fr.

HAUTEFEUILLE. **Des droits et des devoirs des nations neutres en temps de guerre maritime.** 3e édit. refondue. 3 forts vol. in-8. 22 fr. 50

— **Histoire des origines, des progrès et des variations du droit maritime international.** 2e édition. 1 vol. in-8. . . . . 7 fr. 50

LEROY-BEAULIEU (P.), de l'Institut. **Traité théorique et pratique d'économie politique.** 5e édition revue et augmentée. 5 vol. in-8. . 36 fr.

— **Essai sur la répartition des richesses** et sur la tendance à une moindre inégalité des conditions. 3e édit., revue et corrigée. 1 vol. in-8. 9 fr.

— **L'État moderne et ses fonctions.** 4e édition. 1 vol. in-8. . . . 9 fr.

— **Le collectivisme,** *examen critique du nouveau socialisme.* — *L'Évolution du Socialisme depuis 1895.* — *Le syndicalisme.* 5e édit., revue et augmentée. 1 vol. in-8. . . . . 9 fr.

— **De la colonisation chez les peuples modernes.** 6e édition. 2 vol. in-8. 20 fr.

LIESSE (A.), professeur au Conservatoire national des arts et métiers, Le travail *aux points de vue scientifique, industriel et social.* 1 vol. in-8. . . . . 7 fr 50

MARTIN-SAINT-LEON (E.), conservateur de la bibliothèque du Musée Social. **Histoire des corporations de métiers,** *depuis leurs origines jusqu'à leur suppression en 1791*, suivie d'une étude sur *l'Évolution de l'Idée corporative de 1791 à nos jours* et sur le *Mouvement syndical contemporain.* Deuxième édition, revue et mise au courant. 1 fort vol. in-8. (*Couronné par l'Académie française*) . . . . 10 fr.

NEYMARCK (A.). **Finances contemporaines.** — Tome I. *Trente années financières, 1872-1901.* 1 vol. in-8, 7 fr. 50. — Tome II. *Les budgets, 1872-1903.* 1 vol. in-8, 7 fr. 50. — Tome III *Questions économiques et financières, 1872-1904.* 1 vol. in-8, 10 fr. — Tomes IV-V : *L'obsession fiscale, questions fiscales, propositions et projets relatifs aux impôts depuis 1871 jusqu'à nos jours.* 2 vol. in-8. — Tomes VI et VII. *L'épargne française et les valeurs mobilières (1872-1910).* 2 vol. in-8. . . 15 fr.

NOVICOW (J.). **Le problème de la misère et les phénomènes économiques naturels.** 1 vol. in-8. . . . . 7 fr. 50

PASSY (H.), de l'Institut. **Des formes de gouvernement et des lois qui les régissent.** 2e édition. 1 vol. in-8. . . . . 7 fr. 50

PAUL-BONCOUR. **Le fédéralisme économique et le syndicalisme obligatoire,** préface de WALDECK-ROUSSEAU. 1 vol. in-8. 2e édit . . 6 fr.

RAFFALOVICH (A.). **Le marché financier.** Années 1891. 1 vol. 5 fr. 1892. 1 vol. 5 fr. 1893 à 1894, *épuisé.* 1894-1895 à 1896-1897. Chacune 1 vol. 7 fr. 50; 1897-1898 et 1898-1899, chacune 1 vol. 10 fr. 1899-1900 à 1901-1902, *épuisés* ; 1902-1903 à 1910-1911, chacune 1 vol. . . . 12 fr.

RICHARD (A.). **L'organisation collective du travail,** préface par Yves GUYOT. 1 vol. grand in-8. . . . . 6 fr.

ROSSI (P.), de l'Institut. **Cours d'économie politique,** 5e éd. 4 v. in-8. 15 fr.

— **Cours de droit constitutionnel,** 2e édition. 4 vol. in-8. . . . . 15 fr.

STOURM (R.), de l'Institut. **Les systèmes généraux d'impôts.** 3e édition revisée et mise au courant. 1 vol. in-8 . . . . 10 fr.

— *Cours de finances.* **Le budget, son histoire et son mécanisme.** 7e édition revue et mise au courant. 1 vol. in-8 . . . . 10 fr.

VILLEY (ED.). **Principes d'Économie politique.** 3e édit. 1 vol. in-8. 10 fr.

WEULERSSE (G.). **Le mouvement physiocratique en France de 1856 à 1870.** 2 vol. in-8 . . . . 25 fr.

BIBLIOTHÈQUE DES SCIENCES MORALES ET POLITIQUES

VOLUMES RÉCEMMENT PUBLIÉS.

GEORGES-CAHEN. **Le logement dans les villes.** 1 vol. in-16. . . 3 fr. 50

Concentration des entreprises industrielles et commerciales (La), par A. FONTAINE, L. MARCH, P. DE ROUSIERS, F. SAMAZEUILH, A. SAYOUS, G. VEILLAT, P. WEISS. 1 vol. in-16. . . . . 3 fr. 50

DUGUIT (L.). **Les transformations générales du droit privé depuis le code Napoléon.** 1 vol. in-16. . . . . 3 fr. 50

Femme (La). *Sa situation réelle. Sa situation idéale*, par J. A. THOMSON, MME THOMSON, Mlle L. I. LUMSDEN, Mme LENDRUM, Mlle SHEAVYN, M. T. S. CLOUSTON, Mlle F. MELVILLE, Mlle E. PEARSON, M. R. LODGE. Préface de Sir OLIVER LODGE. 1 vol. in-16 . . . . 3 fr. 50

Grands marchés financiers (Les). *France* (Paris et province). *Londres, Berlin, New-York*, par A. AUPETIT, L. BROCARD, J. ARMAGNAC, G. DELAMOTTE, G. AUBERT. 1 vol. in-16. . . . . 3 fr. 50

GUYOT (YVES). **La gestion par l'Etat et les municipalités.** 1 vol. in-16 . . . . 3 fr. 50

LAYCOCK (F. U.). **L'économie politique dans une coque de noix.** Trad. par Mlle DIDIER. Introduction de *Yves Guyot.* 1 vol. in-16. . 3 fr. 50

VANDERVELDE (E.). **La coopération neutre et la coopération socialiste.** 1 vol. in-16. . . . . 3 fr. 50

PRÉCÉDEMMENT PARUS

ANTONELLI (E.). **Les actions de travail dans les sociétés anonymes à participation ouvrière.** Préface d'Aristide BRIAND. 1 vol. in-16. 2 fr. 50
AUCUY (M.). **Les systèmes socialistes d'échange.** 1 vol. in-16. 3 fr. 50
BASTIAT (Frédéric). **Œuvres complètes,** précédées d'une *Notice* sur sa vie et ses écrits. 7 vol. in-18. . . . . 24 fr. 50
I. *Correspondance.* — *Premiers écrits.* 3e édition, 3 fr. 50; — II. *Le Libre-Echange.* 3e édition, 3 fr. 50; — III. *Cobden et la Ligue.* 4e édition, 2 fr. 50; — IV et V. *Sophismes économiques.* — *Petits pamphlets.* 6e édit. 2 vol. *ensemble,* 7 fr.; — VI. *Harmonies économiques.* 9e édition, 3 fr. 50; — VII. *Essais.* — *Ébauches.* — *Correspondance.* . . 3 fr. 50
BELLET (D.). **Le chômage et son remède.** Préface de Paul LEROY-BEAULIEU. 1 vol. in-16. 3 fr. 50
BOURDEAU (J.). **Entre deux servitudes.** *Démocratie, socialisme, syndicalisme, impérialisme,* etc. 1 vol. in-16. . . . . 3 fr. 50
BROUILHET (Ch.). **Le conflit des doctrines dans l'économie politique contemporaine.** 1 vol. in-16. . . . . 3 fr. 50
CHALLAYE. **Syndicalisme révolutionnaire et syndicalisme réformiste.** 1 vol. in-16. . . . . 2 fr. 50
COURCELLE-SENEUIL (J.-G.). **Traité théorique et pratique d'économie politique.** 3e édit. 2 vol. in-18. . . . . 7 fr.
— **La société moderne.** 1 vol. in-18. . . . . 5 fr.
DEPUICHAULT. **La fraude successorale par le procédé du compte-joint.** Préface de M. Paul LEROY-BEAULIEU. 1 vol. in-16 . . . 3 fr. 50
DOLLEANS. **Robert Owen (1771-1858).** 1 vol. in-18. . . . . . 3 fr. 50
DUGUIT (L.). **Le droit social, le droit individuel et la transformation de l'Etat.** 1 vol. in-16, 2e édit. . . . . 2 fr. 50
EICHTHAL (E. D'), de l'Institut. **La liberté individuelle du travail et les menaces du législateur.** 1 vol. in-16. . . . . 2 fr. 50
Forces productives de la France (Les), par MM. P. BAUDIN, P. LEROY-BAULIEU, MILLERAND, ROUME, J. THIERRY, E. ALLIX, J.-C. CHARPENTIER, H. DE PEYERIMHOFF, P. DE ROUSIERS, D. ZOLLA. 1 vol. in-16. 3 fr. 50
GAUTHIER (A.-E.), sénateur, ancien ministre. **La réforme fiscale par l'impôt sur le revenu.** 1 vol. in-18. . . . . 3 fr. 50
GUYOT (Yves). **Les chemins de fer et la grève.** 1 vol. in-16. 3 fr. 50
LACHAPELLE (G.). **La représentation proportionnelle en France et en Belgique.** 1 vol. in-16. 3 fr. 50
LESEINE (L.) et SURET (L.). **Introduction mathématique à l'étude de l'économie politique.** 1 vol. in-16 avec figures. . . . . 3 fr.
LIESSE, professeur au Conservatoire des arts et métiers. **La statistique, ses difficultés, ses procédés, ses résultats.** 2e éd. 1 vol. in-18. 2 fr. 50
— **Portraits de financiers.** OUVRARD, MOLLIEN, GAUDIN, BARON LOUIS, CORVETTO, LAFFITE, DE VILLÈLE. 1 vol. in-18. . . . . 3 fr. 50
MARGUERY (E.). **Le droit de propriété et le régime démocratique.** 1 vol. in-18. . . . . 2 fr. 50
MAURY (F.). **Le port de Paris.** 3e édit. 1 vol. in-16. . . . . . 3 fr. 50
MERLIN (R.), biblioth. archiviste du Musée social. **Le contrat de travail, les salaires, la participation aux bénéfices.** 1 v. in-18. . . . 2 fr. 50
MILHAUD (Mlle Caroline). **L'ouvrière en France,** 1 vol. in-18. 2 fr. 50
MILHAUD (Edg.), professeur d'économie politique à l'Université de Genève. **L'imposition de la rente.** *Les engagements de l'Etat, les intérêts du crédit public, l'égalité devant l'impôt.* 1 vol. in-16. . 3 fr. 50
MOLINARI (G. DE). **Questions économiques à l'ordre du jour.** In-18. 3 fr. 50
— **Les problèmes du XXe siècle.** 1 vol. in-18. . . . . 3 fr. 50
— **Théorie de l'Evolution.** *Economie de l'histoire.* 1 vol. in-16. 3 fr. 50
NOUEL (R.). **Les Sociétés par actions,** *leur réforme,* préface de P. BAUDIN. 1 vol. in-16. 3 fr. 50
PAWLOWSKI (A.). **La Confédération générale du travail.** Préface de J. BOURDEAU. 1 vol. in-16. . . . . 2 fr. 50
— **Les syndicats jaunes.** 1 vol. in-16. . . . . 2 fr. 50
— **Les syndicats féminins et les syndicats mixtes en France.** 1 vol. in-16. . . . . 2 fr. 50

PIC (P.), prof. à la Faculté de droit de Lyon. **La protection légale des travailleurs et le droit international ouvrier.** 1 vol. in-16 . . 2 fr. 50

Politique budgétaire en Europe (La), par MM. A. LEBON, G. BLONDEL, R.-G. LÉVY, A. RAFFALOVICH, C. LAURENT, C. PICOT, H. GANS. 1 vol. in-16 . . . . 3 fr. 50

RICHARD (M.). **Le régime minier.** 1 vol. in-16. . . . . 3 fr. 50

STUART MILL (J.). **Le gouvernement représentatif.** Traduction et *Introduction*, par M. DUPONT-WHITE. 3e édition. 1 vol. in-18. 4 fr.

COLLECTION D'AUTEURS ÉTRANGERS CONTEMPORAINS

Histoire — Morale — Économie politique — Sociologie

Format in-8. (Pour le cartonnage, **1** fr. **50** en plus.)

BAMBERGER. — **Le Métal argent au XIXe siècle.** . . . 6 fr. 50

C. ELLIS STEVENS. — **Les Sources de la Constitution des États-Unis** *étudiées dans leurs rapports avec l'histoire de l'Angleterre et de ses Colonies.* Traduit par LOUIS VOSSION. . . . . 7 fr. 50

GOSCHEN. — **Théorie des Changes étrangers.** Traduction et préface de M. LÉON SAY. *Quatrième édition française* suivie du *Rapport de 1875 sur le paiement de l'indemnité de guerre*, par le même. . 7 fr. 50

HOWELL. — **Le Passé et l'Avenir des Trade Unions.** *Questions sociales d'aujourd'hui.* Trad. et préf. de M. LE COUR GRANDMAISON. 5 fr. 50

KIDD. — **L'évolution sociale.** Traduit par M. P. LE MONNIER. 7 fr. 50

NITTI. — **Le Socialisme catholique.** . . . . 7 fr. 50

RUMELIN. — **Problèmes d'Économie politique et de Statistique.** 7 fr. 50

SCHULZE GAVERNITZ. — **La grande Industrie.** . . . . . . 7 fr. 50

W.-A. SHAW. — **Histoire de la Monnaie (1252-1894).** . . . . . 7 fr. 50

THOROLD ROGERS. — **Histoire du Travail et des Salaires en Angleterre depuis la fin du XIIIe siècle.** . . . . 7 fr. 50

WESTERMARCK. — **Origine du Mariage dans l'espèce humaine.** 11 fr.

DICTIONNAIRE DU COMMERCE
DE L'INDUSTRIE ET DE LA BANQUE

DIRECTEURS :

MM. Yves GUYOT et Arthur RAFFALOVICH

2 volumes grand in-8. Prix, brochés.......................... 50 fr.
— — reliés.......................... 58 fr.

NOUVEAU DICTIONNAIRE D'ÉCONOMIE POLITIQUE

PUBLIÉ SOUS LA DIRECTION DE

M. LÉON SAY et de M. JOSEPH CHAILLEY-BERT

Deuxième édition.

2 vol. grand in-8 raisin et un Supplément : prix, brochés...... **60** fr.
— — demi-reliure chagrin.................. **69** fr.

COMPLÉTÉ PAR 3 TABLES : **Table des auteurs, Table méthodique et Table analytique.**

PETITE BIBLIOTHÈQUE
ÉCONOMIQUE
FRANÇAISE ET ÉTRANGÈRE

PUBLIÉE SOUS LA DIRECTION DE M. J. CHAILLEY-BERT

PRIX DE CHAQUE VOLUME IN-32, ORNÉ D'UN PORTRAIT
Cartonné toile. . . . . 2 fr. 50

XVIII VOLUMES PUBLIÉS

I. — VAUBAN. — **Dîme royale**, par G. Michel.
II. — BENTHAM. — **Principes de Législation**, par Mlle Raffalovich.
III. — HUME. — **Œuvre économique**, par Léon Say.
IV. — J.-B. SAY. — **Economie politique**, par H. Baudrillart, de l'Institut.
V. — ADAM SMITH. — **Richesse des Nations**, par Courcelle-Seneuil, de l'Institut. 2e édit.
VI. — SULLY. — **Économies royales**, par M. J. Chailley-Bert.
VII. — RICARDO. — **Rentes, Salaires et Profits**, par M. P. Beauregard, de l'Institut.
VIII. — TURGOT. — **Administration et Œuvres économiques**, par M. L. Robineau.
IX. — JOHN STUART MILL. — **Principes d'économie politique**, par M. L. Roquet.
X. — MALTHUS. — **Essai sur le principe de population**, par M. G. de Molinari.
XI. — BASTIAT. — **Œuvres choisies**, par M. de Foville, de l'Institut. 2e édit.
XII. — FOURIER. — **Œuvres choisies**, par M. Ch. Gide.
XIII. — F. LE PLAY. — **Économie sociale**, par M. F. Auburtin. Nouvelle édit.
XIV. — COBDEN. — **Ligue contre les lois-céréales et Discours politiques**, par Léon Say, de l'Académie française.
XV. — KARL MARX. — **Le Capital**, par M. Vilfredo Pareto. 4e édit.
XVI. — LAVOISIER. — **Statistique agricole et projets de réformes**, par MM. Schelle et Ed. Grimaux, de l'Institut.
XVII. — LÉON SAY. — **Liberté du Commerce, finances publiques**, par M. J. Chailley-Bert.
XVIII. — QUESNAY. — **La Physiocratie**, par M. Yves Guyot.

Chaque volume est précédé d'une introduction et d'une étude biographique, bibliographique et critique sur chaque auteur.

BIBLIOTHÈQUE
DE LA
LIGUE DU LIBRE ÉCHANGE

Prix de chaque vol. in-32, cartonné toile. . . . . . . 2 fr.

SCHELLE (G.). **Le bilan du protectionnisme en France.**

1105-12. — Coulommiers. Imp. PAUL BRODARD. —P3-13.

www.ingramcontent.com/pod-product-compliance
Ingram Content Group UK Ltd.
Pitfield, Milton Keynes, MK11 3LW, UK
UKHW012025240726
13965UKWH00002B/577